[日] 若松义人 著

赵佳 译

丰田
超级精进术

トヨタのすごい習慣&仕事術

北京时代华文书局

图解 每个人如何成为一流的员工！

将世界一流企业的诀窍"丰田生产方式"运用到自己的工作中

"V形"复苏的原动力——"丰田生产方式"

长期低迷的日本企业的业绩正回暖提升。

丰田汽车同样如此。2013年3月的财报显示丰田日本的子公司都保持了贸易顺差，并且，在2014年3月期的决算中，营业利润超过2万亿日元，大有直追过去最高值之势。虽然我们并不喜欢说"V形"复苏，但丰田的复苏之路确实较为顺利。

2008年之前的丰田成长速度是非常惊人的。生产辆数和销售辆数都朝着世界第一的方向迅速增长，丰田也在世界各地开设工厂。可以说丰田进入了"有生产就有销售"的时代。

然而在丰田一心想达到世界第一的2008年，世界金融危机大规模爆发，雷曼兄弟破产。2009年到2010年期间，丰田又经历了"召回门"——在美国爆发了最大规模的召回事件。

紧随其后的是2011年东日本大地震。日本全国上下直面灾难，日本的制造业遭受了无法估计的损失，这一切也给丰田带来了沉重的打击。

曾在1950年临近破产边缘时引咎辞职的丰田创始人丰田喜一郎说过，在日常经营中一定要重视应对"100年中发生的一到两次"的大危机的方案的思考。

但是，被这样大规模的危机一波接一波地袭击，即使是丰田这样优秀的企业想要重新振作也不是件容易的事情。

财报数据严重不佳的状况持续了好几年。

在企业低迷中，要依靠什么才能探索出重生的道路？丰田依靠的正是长年积累形成的丰田生产方式。

培养思考力，掌握使自身成长的技能

雷曼破产之后，从丰田的相关人员那里听到了这样的话："我们有能够复苏的道路。"

虽然遭受了巨大损失，但是通过"丰田生产方式"能使企业重新复苏是毫无疑问的，这是企业的信念。

当然，丰田生产方式和企业组织的急速成长之间会产生分歧，危机处理有滞后性的一面。但是企业对要守护什么、改变什么、应该做什么的回答是清晰明了的，而之后要做的仅仅是实践而已。

实践的结果就是丰田实现了"V形"复苏并成为世界汽车生产商中首个生产量突破1 000万辆的企业。

在实现了丰田过去的飞跃以及雷曼破产之后带来企业复苏的丰田生产方式中，本书选择了一般商业活动都行之有效的工作方法，并用插图的方式简单易懂地加以说明。

总之，这是来自于生产现场，并且通过不断改进形成的实践法则。我将一个个地告诉大家"我们要做什么"以及"我们要如何思考"。

在本文中可能会有特别难以执行的实践方法。但是，这些难以推进的实践方法也正是因为相信我们的智慧和可能性而提出来的。读者朋友们，一定要意识到你们自身的智慧和无限的可能性，请坚信这一点。同时，我也希望大家能够将其中一点或者两点运用到自己的日常工作中。毕竟，丰田生产方式不是纸面的信息，而是实践的法则。

每天的些许的意识和实践，脚踏实地的日积月累，能够给我们带来巨大的成长，希望每个人都能够在危机中成就强大的自己。

若松义人

目录

第一章　执行力能够改变你的工作

第二章　如果改变思考方法，结果也会改变

第三章　突破自己的极限，接受新的挑战

第四章　如果你成长了，你的团队也将成长

执行力能够改变
你的工作

TOYOTA

01

不要隐藏失败，如果失败了
要大声说出自己失败了

将想隐藏的事情可视化

一家公司的领导曾经给新入职的员工提出了这样的建议："失败的时候要大声说出自己失败了。"

一般情况下，我们觉得失败是一件很丢人的事情，为了不想让别人知道自己失败，我们试图去掩饰这个状况。但是这样做会产生问题，一时的掩饰往往最终会导致更大的失败。

因此，失败的时候我们应当大声地说出"失败了"或者"出错了"。这样，你身边的前辈就会跑过来问你"出了什么事"，然后听你叙述经过。

当然，你也许会听到有人说"瞧你做的好事"或者"你是傻吗"等这样的话，但同时也会有人帮你出主意。

失败其实是一件要将它放到大家都能看到的地方，然后通过大家的智慧来解决的事情。在这个过程当中，彼此产生了信任，自身也能得到成长。

在丰田生产方式中，如果出现了事故，生产线就会停止。当然，也因为生产线停止了，大家就会意识到发生事故了。

很多企业在事故发生后会为了避免生产线停工而进行紧急处理，或者将生产出的不合格产品暂时搁置一边，像什么都没发生一样继续进行生产。生产顺利进行，乍一看也没有什么问题。

但是，这样的做法会存在事故隐患。如果没有及时改善，大家也不会觉得是自身的问题而思考解决问题的方法。这样不仅可能会引起相同的事故再次发生，还有可能成为巨大事故的导火索。

不要将问题隐藏，而是将它放到大家都看得见的地方

丰田生产方式讲究"不要将问题隐藏，而是将它放到大家都看得见的地方"。

在丰田生产方式的名言中有一个词语——"可视化"。只有将问题表面化、共享化，大家才能群策群力、解决问题。

例如，如果我们看不到生产成本的明细却说要"降低成本""想出办法"，其实是强人所难的，所以要将成本的明细可视化。如果我们能够看到成本的明细就会发现问题，也能够想出相应的办法。

据说，一位丰田汽车的总工程师将一个涉及机密的汽车部件的单

价公布了出来，让负责人分析哪里有问题。

这样公布出来之后，什么地方开支大，为了降低成本需要做什么，需要哪些部门的协作等问题立刻就有答案了。这样持续累积下来，就产生到了革新性的成本降低。

有人可能也会觉得将重要的部分做机密处理是理所应当的。但是，果断地将详细的部分公开可见结果更好。同时，将大家的智慧集合起来，集思广益的结果会更好。

✏ 丰田因此成为世界第一

人们只有看到了问题才能发挥智慧，如果看不到是没办法想出解决方案的。只要是工作，就难免会失败，因此不要耻于失败，要将其放到看得见的地方。如果每个人都这样做而形成公司风气的话，那么"觉得羞耻"这件事本身也就不存在了。

将失败放在明处，集思广益解决问题

某公司总经理对新员工说的话

一般的公司

即便出现问题也不会停止生产线
进行应急处理

丰田生产方式

出现问题马上
停止生产线

| 丰田生产方式 | = | 不隐瞒问题，将问题可视化 |

丰田的独到之处

不以失败为耻，创建任何人都敢于公开问题的企业文化

02

不要告诉部下答案，要引导部下
自主思考

以丰田生产方式进行改善但进展却不顺利的公司

如果上司一开始便将工作的答案或者最佳的解决方法告诉部下的话，部下应该不会出现走弯路或者失败的情况。但是，在丰田生产方式中，上司是不会告诉部下答案的。因为告诉答案这件事情是不能提高他们的思考力以及寻找答案的能力的。

有一家公司以丰田生产方式为基础进行生产改善。公司从前净是浪费的地方，在改善推进委员会指导下，改善一开始取得了良好的效果。随着改善推进，生产能力也提高了，员工们也干劲十足。公司的改善积极性达到了最高。

经过几个月的持续改善，显而易见的浪费几乎都没有了。于是，逐渐听到了"改善已经很充分""已经没有什么不好的地方"等这样的声音。

改善委员会在这样的情况下觉得改善有可能会半途而废，于是决定在生产现场直接告诉大家哪里有问题，哪里需要改进才能更好。

其结果虽然是能够使公司的改善再次向前推进，但也发生了一些棘手的事情。

丰田生产方式改善的目标是培养生产现场的工人能够自行发现问题，自己思考解决的方案的能力。但是，这家公司的改善委员会因为长期地先工人一步提供建议和方案，生产现场的工人就无法养成自我察觉、自己思考的能力和习惯。这样下来无法培养工人的能力，改善也终将到尽头。

最终意识到错误的改善委员会，终止了这种预先教授的方式，即使多花费时间也要等生产现场的工人产生自省意识，进行自主思考。

这样的生产改善持续了一年左右，改善活动终于在公司内部落地生根。

答案要依靠自己发现

曾经，在丰田也有一些指导人员，先一步进行改善活动，然后告诉员工"应该这样做""应该那样做""这样做是不行的"……与之相反，奠基了丰田生产方式、担任丰田副总经理的大野耐一训斥这些指导人员"不能做'教育妈妈'"。

这表明丰田生产方式是很重视"答案要自己发现"这样的态度。

从上司的角度看，部下工作进展缓慢却没有办法，就担心工作会失败。久而久之，上司便想要直接告诉部下工作的方法。在部下看来，接受上司的方法做事，工作更有效率，也不会产生错误，因此感到安心。

但是，这样做却掉入了工作的陷阱。上司要做到的是即使部下工作进展缓慢也要忍耐，一边听他们是如何思考的，一边指导他们的工作。部下也必须做到即使感到很辛苦也要自己思考。

✏ 丰田因此成为世界第一

营造一种培养人才，不断改善的风气确实需要花费时间。但是如果培养了善于思考的人，这些培养出来的人便能够产生新的知识和改善能力，然后继续培养下一代人才。因此即使花费时间也要贯彻"答案要自己发现"的思想。

让部下养成自己寻找答案的习惯

某公司通过丰田生产方式消除可见的无用功

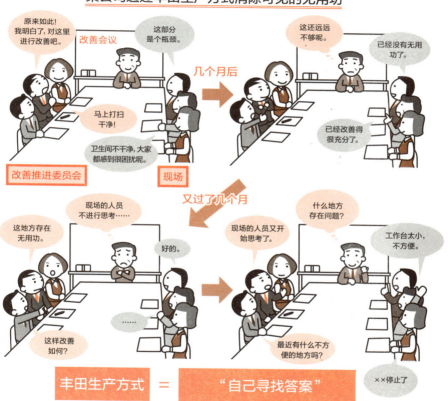

03

不要仅仅依靠自己的想法推进工作，
比起一个人绞尽脑汁，
更需要一百个人绞尽脑汁

比起一个人思考，更希望一百个人思考

一位丰田汽车的总设计师的口头禅是："比起一个人绞尽脑汁想问题，我更希望一百个人一起绞尽脑汁思考。"

总设计师拥有很大的工作权力，同时因为自身丰富的经验和知识，能够对工作提出很好的建议。即使这样，他还是希望能够听到更多团队成员的话。因为在生产过程中，一件很重要的事情就是构筑人和人之间的信赖感，从而产生团队意识。

因此，那位总设计师将同样的事情对团队的成员不厌其烦地说几百遍，并且倾听员工提出的意见，共同商议之后提炼出更加优秀的提案。对于没有意见的人，工程师会提醒他们是专业的，在这种真实的议论中能够产生特别有建设性的想法。

由于信任而组合的团队成员最终能够让想法成形落地。这也是工

作的一种理想形式。

这是在日本刚刚导入"QC"（品质管理）概念时候的事情。在"QC"指导下，工厂里工作的人们组成团队，一起想出解决问题的方法。在这样的活动中，有一个精英员工发出了这样的抱怨："都是一群没有学问和知识的人，三五成群地喋喋不休，可他们也拿不出什么想法。这是浪费时间。比起这样，让他们默默执行我们这些优秀的员工提出的方案会更好。"

于是"QC"的改善推进者向精英员工提出了这样的问题：

"那么请问，工厂有没有按照你的优秀想法实施工作呢？"

精英员工沉默了。推进者继续说："无论怎样优秀的创意，如果没有实践下去就没有意义。虽然你提出了优秀的想法和建议，但是只有在生产现场产生的智慧才有意义，才是真正有实践可能的事情。"

为了得出知识而集结知识

"一个人走一百步，不如一百个人每个人走一步"，这是丰田生产方式。

丰田生产方式的改善，从开始的依靠一个人较多的思考工作，逐渐转变成众人结成组群，共同想办法，众人解决并改善实际问题。正是这样，生产改善才落了地，改善方案逐渐得以实施。

一个人的意识和想法也许是微不足道的，但如果众人结合在一起就有可能使其落地实行，让想法变得有作用。最重要的事情是大家通过发挥智慧来培养人才，这样才能逐渐推进更加优秀的改善方案，有更加显著的改善效果。

在这个世界上，确实有一种所谓的"天才"拥有超越常人的想法，取得出类拔萃的成绩。但是，即使不依靠这样的"天才"，通过集合每个人的知识和能力，普通人也能够产生优秀的想法和成绩。

> ✏️ **丰田因此成为世界第一**
>
> 相信自己的想法和能力不是坏事情，但是过分的自信就有可能会陷入陷阱。公司要在拥有自信的基础上激发出员工的想法和知识，集合众人的力量。如果能够做到这样，公司就不会陷入过分自信的陷阱，同时也会收到良好的效果。

不管多好的创意，如果无法执行的话就毫无意义

某精英员工在"QC"团队活动上提出的问题

与现场那些低学历的人交流是毫无意义的。只要让他们执行我们的命令就好了。

不管多好的创意，如果无法在现场执行的话就毫无意义。只有充分发挥在现场获得的智慧，才能够将创意变成现实。

丰田生产方式 ＝ "一个人前进100步，不如100个人前进1步"

我想到了！

我想到了！

我想到了！

我想到了！

三个臭皮匠赛过诸葛亮

丰田的独到之处

关键在于获得现场人员的信赖与共鸣

04

不要成为审核、检查工厂的人，而要成为被生产现场依靠的人

成为让部下依靠的人

"部下能够用三天时间看透一个上司。"这句话的意思是：虽然上司对部下的了解会花费几个月的时间，但是部下能否对上司产生信赖感是靠部下的直觉来判断的。

成为一个凭部下直觉就能够得到信任的上司需要哪些要素呢？

在生产车间负责改善工作的丰田人员A听说厂长大野耐一找自己，因为大野先生是A的上司，所以A立刻就赶到了大野先生身边。

但是大野先生却因此批评了他："我一找你，你就飞奔过来，说明你靠不住。真正受现场信任的人，即使是厂长找你，也会因为忙于现场改善而不能立刻过来。"

A无法理解大野先生说的话。在工作当中，没有上司召唤却不去的道理，但是这样居然被上司呵斥，A露出了不服的表情。大野先生

对A说："人一旦到了生产现场，就要该做什么就去做什么。这样的话，大家就会觉得'只要那个人来了就能在生产现场发挥作用'。你只要到了生产现场，在车间的各个角落就会出现询问你的声音，比如'这个地方这样操作的话有点困难''有事情想找你谈谈话'。"

"如果你是这样的话，就会被困在生产现场无法轻易脱身，即使要向前行进一百米也需要花费相当长的时间。在生产现场，如果不能变得脱不开身是不行的。"大野继续说。

如果真的有事，即使被上司召唤而没有去，上司也能够自己去生产现场。在生产现场，上司要成为被部下信赖的、可以深入交流的人。这才是大野想说的事情。

比起个人先行，更要成为步调一致的人

大野先生曾经说过不要成为"管理者"，而要成为"监督者"。

管理者仅仅拥有知识就可以了，但是监督者要在看到工作进度的同时教授员工知识，是培养人才的人。

从总公司派遣到一家亏损企业做改善的员工，其中年纪最小的B每天要到生产现场多次访问工人，并且热情地和工人打招呼。可生产现场的人们把这些做改善的员工看作是过来找毛病的一群人，纷纷冷眼相对。

但是，经过数日不间断的打招呼，慢慢地开始有工人回应B，而

且也开始有一些找B商量问题的工人。B对那些人提出的问题尽可能地改善。看到B这样的姿态，很多工人开始变得信任B，也开始自主思考。从此以后，这个公司的改善项目一鼓作气地向前推进。

✎ 丰田因此成为世界第一

管理者和上司虽说是有地位的人，但将信任作为基石、成为可以依靠的人才是最重要的。成为可以依靠的人，和部下一起烦恼，一起发挥智慧解决问题，这样的实际行动是工作中必要的。这样，部下才会对上司有真心的评价。

成为受众人爱戴的领导

听到工厂厂长大野先生的呼唤立刻赶来的A

| 与现场的人员交流 | = | 无法立刻离开现场 |

成为值得信赖的领导

丰田的独到之处

成为和部下一起思考、一起解决问题的领导

05

仅仅是命令的话，人们很难认同行动，在行使权力之前要和部下及合作伙伴建立信任关系

工作不是在权力之下做的事情

没有什么工作是仅凭一个人就能够完成的。即使是个人的思考和想法，最后将想法付诸实践也需要很多人的共同努力。

但是，在现实中，我们暂且不谈共同协作，推进不了工作，很多时候是因为他人的反对，或者被假装无视地为难。

无论怎样，人们应该成为彼此良好的协作者。

这是一家企业在将丰田生产方式导入自己工厂时发生的事情。

被委派担任改革组长的C在日本工厂做实习调研时，听了很多大野耐一先生说的话，自信满满地给下边工厂的工人普及。但是，没想到受到了工厂里很多部门的反对，C的改革很难推进下去。

困惑的C找到经理，希望"即使是暂时的，也请给他在工厂内更多的权力"。经理对C说："虽然我很理解你，但是你还是找大野先生谈

一次怎么样？"于是，C找到大野先生如实详述了事情。

大野先生提议C和自己花两天时间在丰田的各个工厂转一转。于是，两天的时间里大野先生什么也没说，只是和C在工厂里边转了转，直到第二天的傍晚，大野先生才问了一句话："你觉得怎么样？"

有一点是C自己特别在意的，那就是在生产现场仍然有两三处存在与丰田生产方式的基本点脱离的做法，但大野先生却视而不见。

大野先生这样回答："即使这样，我也必须忍耐。工作不是在权力下的发号施令。无论自己的职务权限有多大，也不是总能做出对的决定。对于工厂的员工一定要足够地理解并耐心地说服他们。"

建立人际关系是需要时间的

当时大野先生已经是丰田的常务董事，是丰田生产部门的最高责任者。但即使是这样，也要以培养不依赖自己权力的人才为目标。

C回到自己的工厂后便开始热心对工厂的员工讲解"为什么要导入丰田生产方式"，努力地一边借助大家的智慧一边推进生产改革。

员工不可能立即接纳这些思想，改革被抵触着，也花费了时间。但即使在这种情况下，逐渐理解改革的员工也开始慢慢增加，工厂终于依靠丰田生产方式的改革驶入了正常的轨道。

用职权调动员工工作是可能的。但是这样仅仅是培养了那些"被命令干活的人们"，并没有培养出"贡献自己的智慧，自己工作的人们"。

没有贡献智慧的改革，如果热情消减，就会被立刻打回原形。改革是即使耗费时间，也要得到员工的理解和认可，调动员工的智慧。

丰田因此成为世界第一

人并不都遵从权力。表面上虽然服从，但如果出现了裂痕就会变成不服从，不能逼迫人处于这样阳奉阴违的状态。如果不能信任那个人说的话，人们肯定不会工作，更不会持续地为公司工作。

不管多好的事情，没有众人的帮助也难以取得进步

打算将丰田生产方式导入自己的工厂却进展缓慢的C组长

必须坚持不懈地说服现场的人员使其理解

丰田的独到之处

与现场人员建立起坚固的信赖关系

06

交流不仅仅是在程序化的正式场合，要构建公司内部横向、纵向、斜向的人际关系

从正式的人际关系之外产生好的想法

丰田公司的特点之一是内部存在很多团体。不仅有职场上的团体，还有同岗位的工会、校友会、兴趣小组或者同乡会等数量众多的团体存在。这是很有历史的。在1950年，丰田经历了巨大牺牲，跨越了破产危机之后，一个个团体开始建立并延续至今。

这并不是派系，而是跨部门、跨年龄段的纵横交错的人际关系网。这样的人际关系网使交流的渠道变得多样化。

这样的人际关系网也是难题的解决出口，使许多难题能够在和其他部门的员工或者年纪大的前辈的相谈中得到解决。像如何改善和上司之间的关系这类苦恼就可以在其中得到解决。

也就是说，在推进改革的时候，不是只有正式的人际关系可依靠，在纵横交错的、非正式的人际关系中也能够通过交流得到解决。

实践丰田生产方式的某企业的管理者有一个习惯，那就是在开展生产改革的时候，下班之后会穿着工装裤到工厂看看。成为管理者之后，虽然他经常在生产现场进行指导，但参与实际工作的生产线工人忙于工作，管理者很难听到工人们的心声。所以这位管理者就在工厂下班的时间，穿着轻便的衣服进入工厂，听取现场工作人员的意见。

在现场能够听到工作人员说出哪里有问题，哪里需要改善，管理者就能看到需要怎么做、怎么改革。

听听工人的心声，反思工作

对于这位管理者的做法，也有批评的声音。

但是信息并不是单方面的或者单一方向的事情。产生于会议之类的正式的场合的信息很多，产生于非正式的场合的信息也不少。有很多时候，恰恰是在非正式场合所搜集的信息，更能够反映这个工厂真实的情况。

正因为如此，这个管理者在生产现场的时候，很重视穿着轻便的衣服去和工人谈一些闲话。

最重要的是，每天的交流变得密切，对公司发展的思考、现状的分析和改革的推进方法等，都能够得到现场工作人员的理解，也能够让自己反思从现场听来的真实声音。

这是因为仅仅靠正式的交流是不够的。通过公司内部的各种团体得到的信息也是非常有用的。

虽然几乎没有内部团体的公司也是有的。但是花费工夫构建一个纵横交错的人际关系网，对于公司来说也是必要的。这样的非正式的人际关系，在很多场合中都是构成理解和信赖的基础。

丰田因此成为世界第一

如果没有团体，就构建一个自己公司内部的小型的纵横交错的人际关系网。同时也可以将它拓展到公司外部。工作是依靠人与人之间的关系推进的。好的工作常常需要超越自己的工作岗位和专业。超越公司的框架建立的关系是有巨大用处的。

要想做好工作，必须打破部门和专业的限制

| 丰田的特点之一 | = | 公司内团体众多 |

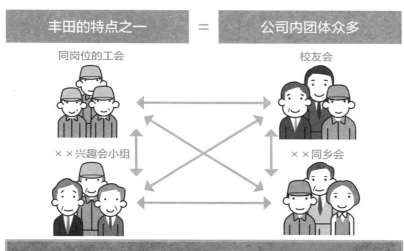

同岗位的工会

校友会

××兴趣会小组

××同乡会

存在横向、纵向、斜向的人际关系

实践丰田生产方式的某公司管理者的交流方法

其实……

最近怎么样？

在私底下更能够
听到现场人员的
真心话……

丰田的独到之处

私人的人际关系是取得信赖和理解的基础

07

不要仅凭数字就做所有的判断，经营不是算术而是控制有度

人们的智慧不是通过数字计算的

商业人士对数字敏感是没有坏处的。在"统计学是最强的学问"的时代，对数字的敏感是非常重要的。

但是，如果对数字太过于重视，就会产生"工作的全部都能够用数字来计算"的错觉。

人的智慧并不能完全通过数字进行计算，这是丰田生产方式的思考方法。

这是丰田在发售卡罗拉之后带动汽车普及化时发生的事情。

卡罗拉的生产，最开始是100人月产5 000辆汽车的产能状态。工程负责人D科长对该体系进行持续改善，两三个月之后，在给大野耐一的报告中提到，目前的生产已经能够达到80人月生产5 000辆的状态。这是减少两成生产人员的完美成果。

但是由于卡罗拉爆发式的销售，必须要达到月生产10 000辆。

大野先生问D："要生产一万辆汽车需要多少人来完成？"D回答说："160人。"结果大野先生勃然大怒："2×80=160这样的算术是小学教的。到这个年纪了，我不用你来再教我一遍了。人不能成为白痴。"

D的计算是没有错误的，确实，一般情况下，如果生产5 000辆汽车需要80人，那么10 000辆就需要160人。

但是用这样的简单计算来增产的话，很难得到期待中的利润增加，公司的竞争力也不会增强。

不是算术而是要考虑控制

"不要用算术来进行经营，而要控制有度的经营。"这是大野先生坚持的理论。

如果靠算术来经营，机械的全速运转能够带来产量的提升，大量地制造同一产品放在库里的话会更降低成本。

但是，现实是，如果仓库里是滞销品，虽然理论上是降低成本了，但是实际上却增加了成本。

控制有度的丰田生产方式，只生产能卖出去的部分。在算术上看起来是成本变得高了，但是为了让能卖出去的部分降低成本，人们会拼命想办法，因此反而会降低成本。在此基础上，也不会造成在库积压而产生滞销。

这样运用人类智慧的制造方法是控制有度的经营。

D在被大野说了"人不能成为白痴"之后，开始调动员工的智慧，着力改善，实现了100人生产10 000辆汽车的目标。这是"5 000辆需要80人，10 000辆需要160人"这种通过单纯计算得出的结论所不能匹敌的成果。

✎ 丰田因此成为世界第一

计算不能提高生产效率，能提高生产效率的是人的智慧和改善方案。运用智慧，推进改善，是在计算之上能做的事情。将计算能做的事情和计算不能做的事情更好地结合在一起，工作才能取得巨大成功。

人类的智慧具有无法用数字计算的"成长性"

负责卡罗拉增产的D

大野先生的教诲 ＝ 不要用简单的算术来进行经营，而要控制有度

丰田的独到之处

不要进行简单的计算，寻找比简单的计算更好的解决办法

08

不要存在"工作就是交付与得到"的想法，交付工作的时候要思考工作之后的事情

前工序是神，后工序是客

在所有的工作中，为自己的工作做准备的是前工序，接收自己工作成果的是后工序。

工作的衔接不仅限于公司内部，也会存在于公司以外。供应商就是这样的例子。

我们是否对前工序表示了感谢，是否充分地考虑到了为了让后工序更方便而努力地工作！如果这方面欠考虑的话，会给别人带来很大的麻烦，也会给自己的工作造成障碍。

为了援助一家亏损公司而出任总经理的E先生，一方面以丰田生产方式为基础进行生产改革，另一方面也用自己的实际行动推进员工们在意识上的改变。比如说在送走从供应商前来拜访的人的时候，E先生每次都送到玄关之外，然后深深地鞠躬、目送离开。

年轻的采购负责人很惊讶地询问："我们是付了钱让他们工作的，为什么还要这么客气呢？"E先生这样反问："你明天能不能找到一家公司代替他按照时间要求交付所需要生产的部件？"

采购负责人说："不能。"E先生继续说："供应商是在代替我们做我们做不到的事情。所以供应商是我们应该感谢的'神'，我们要客气地对待他们，这是理所应当的。"

丰田生产方式提出"前工序是神，后工序是客"，所以不能对供应商产生"他们就是为我们做事的"这样轻视他们的意识。

为了自己轻松工作，首先要让周围的人轻松

E先生也向员工展示了"后工序是客"这件事情。有一天他和非生产部门的员工去工厂，问了对方几个问题："为什么采购部要买那些需要依次拆开包装的部件？""为什么财务部要让忙得不可开交的生产现场的员工写数张发票？""生产线使用的工具和操作台是否能更便于使用？"

这些问题全部都是为了后工序工作更简单而需要深入思考的问题。E先生问非生产部门是否在思考这些问题。

员工们也努力地想正确地进行资金管理。E先生想说的是，如果能够加入"如何让后工序工作更简单"这样的思考，那么一定能够找到更好的工作方法。

比如说拜托了员工复印文件，员工是否就随便地复印了之。如果被拜托的员工能够考虑到"阅读方便"这件事情，就会用票夹把文件夹好。也就是说在对方接收自己制造的部件的时候，仅仅做一些简单处理，就会让操作更加轻松。

E先生就这样改变着职员的意识从而推进改革。

✎ 丰田因此成为世界第一

对于后工序，我们要思考"如何制作更加方便""如何更加容易卖出去""如何更加容易"这样的想法是非常重要的。每个人都为了后工序认真思考，那么工作的质量也会相应地提高。

思考如何让后工序更加轻松

将供应商的负责人一直送到玄关的E总经理

我们明明是掏钱的甲方，为什么要这样做呢？

你能代替那个公司帮我们制作零件吗？

不能。

所以供应商是"神"啊，当然要毕恭毕敬地对待了。

丰田生产方式 ＝ "前工序是神，后工序是客"

请复印一下这份资料。

好的。

真是个好员工。资料全都用夹子夹好了……

工作时多为后工序着想，大家都会心情舒畅

丰田的独到之处

每个人都应该多为后工序着想

09

请靠近同事们的办公桌，营造出一个同事之间自然而然地碰面、自由交谈的工作环境

不要建立孤岛

因为工作是在人与人的关系下推进的，因此必须建立确保在生产现场工作的工人之间是能够联系的结构体系。

丰田生产方式提出"不要建立孤岛"，以此确保人和人之间联系的。

一家工厂，使用着一条非常复杂的生产线。部件需要通过传送带从一楼传到二楼，然后再传回一楼。一楼和二楼之间的连接在偌大的工厂里只有楼层两端的楼梯。

走到楼梯口然后上下楼是非常麻烦的，因此大家如果有事都用内线电话解决，员工们见面说话的机会特别少。在大工厂里，庞大的机械设备都在高速运转，员工沟通又非常少，每个人俨然成了一个个"孤岛"。

这家工厂在导入丰田生产方式进行生产改革的时候，最初要改革的当然是特别长的生产线。

如果不改变现状，员工交流非常困难，也会对重要的团队建设造成障碍。

宽敞的工厂中，每个人的物理距离是远的，帮助那些工作进度慢的员工很困难。大家想要短时间内开会集思广益，再在短时间内回到工作岗位工作也是非常困难的。

这家工厂首先要做的就是尽可能地缩短生产线。将二楼的生产线移到一楼，无谓的上下楼就没有了。并且，通过大幅缩短生产线，保持了一个能够传递声音、几步就能听见声音的距离。这样，交流自然而然变得密切起来。

大家协力合作、集思广益，创造出了这样的环境，工厂的生产改革终于走上了正轨。

团队的优越和距离的进度成正比

苹果的创始人乔布斯也了解"KAIZEN"（改善）。他曾经说过，改革诞生于那些深夜"如果新的想法出来的话就打电话说"的员工们。乔布斯非常重视丰田生产方式这样的沟通方法。

在建造新公司大楼的时候，乔布斯非常在意构建一个空间，让那些平时几乎见不到面的职员们能够自然地见面、自由地交谈。

一个个独立的小工作室当然好，但是没有办法分享大家的意见。乔布斯虽然撤回了在卫生间也构建自由空间的异想天开的想法，但是当苹果公司的新办公大楼建好之后，确实构建了一个能够良好沟通的空间。

✏️ 丰田因此成为世界第一

总之，在组织中很容易形成部门和专业的壁垒。因为沟通减少而阻断信息传递，员工很难见面并发挥智慧。为了防止这样的事情发生，要尽可能地清除物理上的壁垒。距离缩短了，交流变多了，自然而然就容易产生智慧了。

缩短距离更容易激发智慧

生产线又长又复杂的工厂

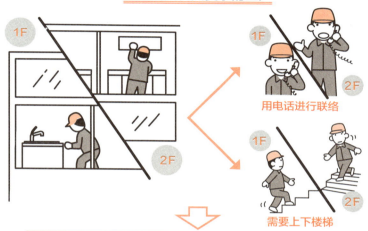

用电话进行联络

需要上下楼梯

联络不畅、缺乏交流

丰田生产方式 = "不要制造孤岛"

有好的想法时立刻就能够
展开合作

这个创意如何？

很有趣！

丰田的独到之处

尽量去掉物理屏障

10

不要为了降低成本而牺牲供应商，而要为了保证利润献计献策

不是便宜地买，而是便宜地卖

降低成本最简单的方法是降低从供应商采购产品时的价格。虽然交涉是必要的，但是不要让双方都感到不愉快。

但是，如果这样的事情反复做的话，就很难和供应商保持良好的关系。另外也不能使自己的公司积累那些降低成本的经验。长此下去，公司的竞争力会越来越弱。

以大野耐一先生的理论为中心的丰田生产方式在向外推广的时候经常把年轻的丰田人员派遣到供应商那里，帮助供应商进行生产改革。在推进生产改革的过程中，如果品质好的产品被能够便宜、迅速地制造出来，不仅能够帮助供应商，丰田自身的成本也降低了。

大野先生的改革目标是供应商能够在卖给丰田便宜产品的同时，自己也得到利润。丰田生产方式的"卖得便宜"不是剥夺对方的利

润，而是让供应商在以便宜的价格卖出时仍然有利润可赚。

不要剥夺合作对象的利润

一家大型建设公司导入了丰田生产方式。为了降低成本，员工F最开始提出的方案是：大幅削减从供应商采购的价格。上司说："虽然这样做降低了成本，但这仅仅是靠剥夺了对方的利润而实现的，并不是真正的丰田生产方式所提倡的改善"，于是制止了F。同时上司又说："首先，我们自身应该做好改革，如果希望供应商的价格降低，那么我们应该和供应商一起想办法，让供应商便宜地卖给我们，同时又有利润可赚。"

F理解之后，立刻派出了包括自己在内的年轻员工常驻供应商，着手收集改善的案例，并推进实行。

当然这个做法，最初遭受了供应商员工的排斥，并不是很顺利。但即使这样，F的团队也坚持到底，推进改善。通过一年的改革，供应商的供货价格大幅下降，而且供应商的利润提高了。

不仅如此，通过和供应商一道改善，培养了年轻的员工，使自己的公司改革也产生了飞跃式的发展。这应该是最大的收获。

没有具体的对策，仅仅是要求供应商降低供货价格、缩短交货期等，只能得到供应商"别漫天要价了，我们不可能被无理地欺压"这样的反击。

"为了这样我们应该怎样做",当我们解释好这些事情,然后与供应商在生产现场共同实践。时间长了就会构筑起共存共荣的关系。

✏ 丰田因此成为世界第一

丰田生产方式中最重要的是"自己先做"和"提出具体方案"这两点。绝不做利润的剥夺者。利益共赢,最终达到双赢的关系是最重要的。这样做的话,自己也能够得到成长。

与供应商构筑双赢关系的方法

在某大型建筑公司推行降低成本政策的F

不可能长期单方面地提出要求，应该与供应商一起想办法

丰田的独到之处

"自己先做""提出具体方案"，带动他人一起行动

苹果和亚马逊都引入的"丰田生产方式"

非常遗憾，只有很少人知道丰田生产方式已经广泛应用于汽车行业以外的其他行业了，虽然它在汽车制造商中也是特别的工作方法。因此，笔者很想让大家知道，其实在海外有很多的IT企业创始人都成功地导入了丰田生产方式。

比如说苹果的创始人乔布斯。"我在日本访问了特别多实行看板管理的企业。"乔布斯说。他对于丰田生产方式的"节省不必要的浪费来制造商品"的理念非常感兴趣。

乔布斯很早开始就对丰田生产方式有着浓厚的兴趣，在生产Mac电脑的时候以及苹果创建NeXT公司的时候，都实践了丰田生产方式。

另外，乔布斯选择现任苹果CEO库克的原因之一，也是因为他在电脑公司工作的时候用丰田生产方式进行采购和供应商管理。

戴尔的创始人迈克尔·戴尔也是这样。他对丰田生产方式的"严格按照购买量生产一个个产品"的方法非常感兴趣。为了学习丰田生产方式，戴尔还阅读了很多书籍。26岁的时候，他访问了实行丰田生产方式的日本船井电气的工厂，连着问了好几个小时的问题。

戴尔成为世界第一的方法是"按订单生产"，这也是从丰田生产方式借鉴而来的。

丰田生产方式和服务改善相得益彰

亚马逊的创始人杰夫·贝佐斯也是一样。他对丰田生产方式的"不懈改善"有着浓厚的兴趣，并在公司内采用丰田生产方式的方法。

其中杰夫·贝佐斯非常感兴趣的是"反复问五次为什么"。如果出现问题时，仅仅找出表面原因然后就进行应急处理的话，以后很有可能还会出现同样的问题。只有开展探究真正原因的改善活动才能避免类似的问题再次发生，同时生产线以及产品的品质也会得到相应的提高。

贝佐斯深谙此道。一次，亚马逊的物流仓库发生了一起小事故，他亲自彻底地检查了事故发生的原因，改善了问题。同样，对于顾客的投诉，杰夫·贝佐斯也要求全部门合力调查引起顾客投诉的原因，开展改善活动。

这样的做法非常耗费时间，如果做应急处理，并且以后加以注意就结束的话是非常省时间的。但是，这并没有找出真正的原因。像贝佐斯这样重视效率的人也懂得丰田生产方式是必须遵守的——"虽然花费时间，但是为了不再第二次出现这样的问题也要这样做，只有这样才能提高我们的可信任感和服务"。丰田生产方式和服务改善两者其实是相匹配的。

苹果、戴尔、亚马逊，并没有将丰田生产方式全部导入进来。他们都只是选出其中最适合自身公司发展的要素来强化自己的竞争力。

丰田生产方式之中有"如果把目光投向世界，或多或少都会有优秀的便宜的东西"的说法——找出能够从世界学习的东西、有参考价值的东西，并且加以良好的运用，能够增强企业的竞争力。

和汽车制造行业没有关系的商界人士，正在将丰田生产方式中优秀的方法一点一点地学习、运用起来。

第 二 章

如果改变思考方法，结果也会改变

11

不要恐惧变化，改变之后如果不对就再去改变

不变是件坏事情，即使尝试错了也要改变

做事情的时候是会想到"今天没什么工作真好啊！"还是会想到"今天又有变化了真好"？

我们当然没有必要非得找出一些无理的问题，但是在今天这样一个飞速变化的时代，变化是很平常的事情，我们是否做好了接受变化的必要准备呢？

这是1995年，奥田硕先生在担任丰田总经理的就职演说中所表明的自己的信念。他说："我认为从此之后的丰田如果没有任何变化就是最坏的事情。尝试之后犯错误都没有关系，我希望大家勇敢地面对挑战，并给予这样的事实以正面的评价。"

奥田先生说的"没有变化是最坏的事情"的意思是：随着公司的日益壮大，人们对于变化的欲望会慢慢降低。"都已经很顺利了，不想

做多余的事情"，这样保守的想法在企业特别普遍。奥田先生是想让日渐保守的丰田重燃挑战的意识。

企业恐惧变化的原因是非常清楚的：改变的结果如果不好，事情就会变得棘手。在丰田生产方式中，会对害怕改变的人说这样一句话：

"如果改善的结果是改错了，那么我们再改回来就可以了。"

如果目的是正确的，中途即使错了也不要呵斥

一位年轻的丰田员工在车间被指示要负责生产改善，但他却不敢尝试。上司问为什么，他担心如果失败了会给大家带来不必要的麻烦。上司鼓励他说："如果出现问题，也是因为你想要改善才失败的，不会比现在还要糟糕，果断地去做吧。"

但看见自己的员工即便被这样鼓励也没有办法开展下去的样子，上司便接着鼓励他说："改善的结果如果变得不好了，只要再一次改善就好了呀。"听上司这样说之后，年轻的员工如释重负，像换了人一样开始积极地工作。

拘泥于失败带来的负面情况，是因为担心受到责难，被指责做了多余的事情。

能否消除这个恐惧取决于上司和周围人的态度，这是关键点。改善的结果即使变坏，我们对待这件事情的方法也应该是去调查失败的

原因，然后更加注重改善。

　　丰田生产方式的改善虽然是以优化现状为目的，但是优化的因素中，"变化"是非常重要的。只要目的是正确的，无论变化的结果怎样都不要去指责，只要继续改善，结果就会朝着好的方向发展。

> ✎ **丰田因此成为世界第一**
>
> 　　一次两次的失败不会轻易地退回到起点。调查失败的原因，然后再次改善就好了。"日日改善、日日实践"是丰田生产方式的基本规则。通过改善，如果能够建立"改变是正常的事情"这样的想法，就能够产生"迎接改变"的企业文化。

创建"改变是理所当然的"的企业文化

企业发展壮大之后……

| 越发害怕变化 |
| 越发趋于保守 |

1995年奥田先生就任总经理

没有变化是最坏的情况！

生产现场的改善进展不顺利的年轻丰田员工的故事

为什么没有进行改善？

因为我害怕一旦失败会给大家添麻烦……

事情不会变得更坏。就算改善的结果不尽如人意，只要继续进行改善就行了。

不要被改变的结果束缚，只要坚持改善就一定能够朝着好的方向前进

丰田的独到之处

失败的话，就找出原因继续改善，关键在于坚持不懈

12

不要用平均值去看事物，要去看的不是全体的倾向，而是每一个的变化

伊藤洋华堂的创始人伊藤所学的丰田生产方式

平均值虽然便于查看，但是很难看到事情的本质。如果看不清本质就看不到问题，如果看不到问题就不能提出改善的方案。

第一次石油危机中，对丰田生产方式产生兴趣的人很多，很多制造企业慕名而来学习，甚至连服务业的人也来拜访了，这其中就包括了伊藤洋华堂的创始人伊藤雅俊。

大型商超是在日本高速经济成长期中急速成长起来的，但石油危机使形势急转直下，销售变得很困难。伊藤先生为了解决积压的货物，拜访了位于丰田市丰田总部的大野耐一先生。

销售品种太多容易导致库存积压，过少又会流失顾客，"适当的库存"到底是多少？伊藤先生带着这个疑问请教了大野先生。

在当时的常识当中，超市一般平均保持三个月的库存。但大野先

生提议说应当认真检查一下每一项的产品库存。

"按照预想来看，畅销品的库存几乎为零，而卖不出去的商品上面也会落六个多月的灰尘。这样平均下来就变成了三个月了吧。"大野先生这样问了之后，伊藤先生给出了肯定的回答。所以大野给出的建议是：细致地确认每一种在库商品，将卖出去的理由和卖不出去的理由都回溯到前工序去调查，建立"在必要的时间采购必要的供应品"的制度。

最重要的是读懂每个数字

丰田生产方式所说的"不要以平均值看问题"的原因是，这样看问题，很多情况下会对真实情况产生误解。同时，仅仅关注于一个数字也容易犯错误。

比如说，丰田汽车在全球市场中所占份额是领先的，但这只是加起来的数字，实际上有很大的偏差。虽然丰田在日本和美国销量非常高，但是在欧洲、中国、印度或者南美怎么样呢？我们就会知道：原来只是很一般的状态。

丰田的前总经理渡边捷昭说："从单个数字看的话，我们是达到了真正的全球顾客都认可的水平，但这只是'非常顺利'的错觉，如果真是这么想的话，就犯了很大的错误。"

比起平均值和加法，重要的是每个数字。丰田生产方式认为重要的事情是要像读懂"自己的身高"一样，去读懂每一个数字。

我们经常说"卖不出去""业绩很难增长"，但这是整体的倾向，并不是每个个体的情况。有些为什么能卖，有些为什么不能卖，每一个问题都要思考，从不能卖的东西中找到能卖的办法。

✏ 丰田因此成为世界第一

并不是说不看平均值，只是说平均值不是全部。如果看不到一个个问题，而常常用平均值来观察的话是非常危险的。因为数字不能说话，我们才要保持"改善问题"的立场。

有时候只看平均值很难发现事物的本质

学习丰田生产方式的伊藤洋华堂的伊藤雅俊

我们平均会保留三个月的库存，请告诉我多少库存比较合适？

畅销品的库存接近于零，滞销品的库存达到六个月，所以平均三个月是吧？

与整体的平均值相比，各个单品的库存数据更加重要。

××的库存还很充分。

对畅销品和滞销品分别进行检查　➡　单品管理

丰田生产方式　=　不用平均值看问题

丰田的独到之处

数字不是为了"说明问题"，而是为了"改善问题"

13

不要总是找做不到的理由，即使觉得无法完成，也要思考解决问题的方法

即使说明了不能做的理由也无济于事

工作中总会有一些需要解决的难题。同时，偶尔还会出现无论如何想办法都无法解决的事情和能力所不及的状况。费尽心力之后很容易就想着"做不到的理由"。但无论是怎样合理的理由，问题还是得不到解决。

年轻的丰田员工G被上司指派去解决一项难题。被委任的瞬间，他就觉得这是个力所不及的难题，自己解决不了。

即使这样，G也没有放弃思考，但确实是做不了。束手无策之下，第二天，G向上司报告了自己虽然考虑了很多，但无论如何也没有办法去做。

然而上司对G说："你才思考了一天就说做不了，这样是不行的。"然后给G延长了一天，让他好好想想。虽然放宽了一天，但"如果明

天再想不出办法，工厂就会陷入困境了"。上司也严肃地对G说了事情的重要性。

G绞尽脑汁，请教了前辈和相关部门的同事。但是得到的反馈都是"太难"或者"没办法"这样的回答。

"真的是做不了。"这样确认的G，在第二天向上司表明了做不了的理由，"真的是束手无策"。上司沉默地听着，很久之后才说了一句："知道了，那么我把工作交给别人吧。"

即使觉得无法完成，也要思考解决问题的方法

G大受打击，原本他预想得到的是上司"果然是做不了的"这样的理解，或者是"你个笨蛋，你能做什么！"这样的呵斥。但得到的仅仅是上司的一句"知道了"。

结果第二天，上司对垂头丧气的G说："我们一起想办法解决吧。"

看到G放心的表情，上司说："G，即使是再合理、再优秀的做不了的理由，也解决不了困难。工厂现在已经产生问题了，有人因此非常苦恼。公司也会陷入困境。所以重要的不是说不能解决问题，而是无论如何也要试一试，看看有什么解决方法，我们要有这样的信念。"上司的话打动了G。G开始为了解决问题而向前推进。

丰田生产方式认为："即使觉得无法完成，也要思考解决问题的

方法。"

成功概率非常低的难题和项目，谁都不想去做，因此，脑子里就会很容易想出一些做不到的理由。要转变这样的思想，如果想着"如何做能够解决问题"，就会产生想象不到的解决方案。

✎ 丰田因此成为世界第一

人的脑子如果从一开始就出现"不能解决"的字样，就总会想些不能解决的理由；如果从一开始就是"能解决"，那么就会摸索"能够解决的方法"。最重要的事情不是理由多么充分，而是让自己兴奋起来，相信自己能够做到。

要想克服困难，首先要扔掉"做不到"的思想包袱

被上司指派了困难任务的G

将自己的思考切换为"如何才能解决问题"

丰田的独到之处

带着"能做到"的想法开始行动，就会自然而然地思考"怎样才能做到"

14

不要觉得"讨厌"或者"麻烦"就结束了，试着思考"如何做能够愉快"

如果觉得"痛苦"，就要思考"怎样做才能够快乐"

虽然为了解决问题而必须改善，但是，对于思考改善方案本身，觉得麻烦或者困难而感到厌烦的人不在少数。不要忘记改善这件事情要从自己身边开始产生有意思的联想，找到让自己轻松快乐的方法。

为了帮助一家亏损企业而就任经理的H，想把已经停止的改善活动重新开展起来。

企业业绩恶化之后，就很容易陷入拿不出资金来进行改善的困境。改善终止的话，确实能够取得暂时的节约，但是这样就无法产生新的想法，结果是业绩会变得更加恶化。H当然是想要让改善重新开展起来。

但是，最初即使号召大家想办法，员工也几乎拿不出改善方案。因为大家觉得，即使说了也不会改变什么，所以选择放弃；或者觉得改善是一部分人做的事情，自己发挥不了什么作用。

于是H召集了员工，这样说："是否在工作的时候会觉得很难受或者不好做？如果放任这种思想就会变得不满。但是如果我们思考了有什么办法能变得更好，或者怎么做能够更轻松快乐，那么就会产生改善方案。"并且他重新强调："丰田生产方式的改善虽然是为了公司，但也是在思考如何让每个人自身都能够找到使工作更加轻松快乐的方法。"

好的窍门从负数中产生

即使察觉到问题，有些人也不善于思考如何做才能改变的方法。那样的人如果出现问题了，找朋友商量会更好。有些人虽然没有发现问题，但是善于思考改善方案，肯定能给出如何做会更好的想法和意见。善于把想法落实到实践中的人也一定会有，所以将这些人组合成一个整体就能够解决问题。

这就是"三个臭皮匠赛过诸葛亮"的做法。这样做，每个人都会发挥自己的优势，参与到改善活动当中。

丰田生产方式中的改善，最重要的是，不需要一个超级明星把所有事做完，而是集合每个人的智慧和努力共同推进，完成改善。

不管什么样的工作，都会有棘手的事情或者问题出现。如果一直忍耐这些事情的话，就会对工作厌烦，想着要辞掉工作。如果我们将思考方向转换一下，将忍耐力转变成"如何做才能更轻松"。不善于做的事情，还可以借助朋友的力量。

H的公司也是，大家思考方式的转变使得改善方案逐渐被提出来。

丰田因此成为世界第一

刚开始工作便立刻看时间，想着"为什么不早一点到下班时间？"的员工，也会有晚上一想到了改善方案就合计着要早点到公司的时候。"不是去工作"而是"去发挥才智"，这么想，工作就会变得很快乐轻松。

从身边开始改善，让自己变得更加轻松

为了扭转亏损而重新开始改善活动的H经理

用智慧让职场变得更加轻松

15

不要想着"这样就可以了"而告一段落，要反复思考五遍"为什么"，然后找到真正的原因

"反复问五次为什么"

丰田生产方式的代表格言之一是"反复问五次为什么"。如果不多问一两次"为什么"，问题的真正原因（造成表面原因的真实的原因）是找不到的。在找到之前，不管多少次，也要一边问自己"为什么"，一边尽力去调查。这是象征着丰田执着精神的格言。

担任技术指导的年轻丰田员工I有过这样的经验。在车身车间，汽车的车架上有螺母和夹具的安装作业。后续作业的部门将夹具弯曲的车架送回车身车间，也就是将不良的车架退货了。

当时夹具弯曲这样的情况在每1 000次中才会出现1次。所以I并没有立即应对，而是将不良的车架搁置在一边。这时大野耐一先生来到车间。因为有问题立刻探明原因才是丰田生产方式，所以大野先生看见I就那样将车架放置在角落里非常生气，指示I："你的工作是找出不

良情况从哪里发生，请彻底找出原因。"

I开始了调查，但是除了车身车间之外还有机械车间和组装车间，工序非常多。可以说找到不良情况发生的工序几乎是不可能的。经过两天的调查还是没有结果的I提交了报告，称没有找到。但是大野先生并没有说"找了两天了，够了"，而是说"请找到为止"。

这是极为罕见的情况。大体来看，以后也有修理不良车架的方法。但是，大野先生绝不会放弃。"知道为什么没有找到吗？因为你没有探究到你找到为止。"他这样叮嘱I。

第三天，I终于在机械车间发现了夹具弯曲的地方，立刻找到操作的负责人实施改善。从此以后，生产现场没有出现由于同样的原因而产生夹具弯曲的事情。

最踏实的成功方法是做到尽力

不限于工厂，在生产现场有很多问题产生。没有调查原因只做应急处置的话，就会再次发生类似的事情，或者产生更大的问题。

最重要的是调查真相，然后为了不再出现相同问题而进行改善。

当然，也会有对真相反复问五次"为什么"的情况，这是因为既有简单的情况，也有复杂的情况发生。这个时候，我们是想因为调查真相浪费时间而将其放置一边，还是充满了执念地想着"一定要找到原因，调查到明白为止"？两者之间有很大的差别。

虽然"找到原因为止"不是什么大不了的事情，但是有没有这样的信念，之后会出现巨大的差别。

✎ 丰田因此成为世界第一

反复问五次"为什么"是非常难的情况。有人觉得两三次已经可以了，也有人会很机械地"做五次就好了"。不要忘记丰田生产方式提到的"五次"是"看到为止、明白为止"的意思。

找出真正的原因之前不断地重复"为什么"

担任技术指导的年轻丰田员工I

找出真正的原因，通过改善让问题不会再次发生

丰田的独到之处

在找出真正的原因之前必须坚持不懈

16

不要说完"抱歉"就觉得完事了，要将失败记录下来

记录下失败

工作的话，肯定有时会遭受沉重的失败。如果这些失败能够在通往成功的道路上给我们提示，我们就能够有飞跃式的成长，但是很多人并不能很好地利用失败。

善用失败有着相当重要的意义。**丰田生产方式当中有"记录失败"这一项，这是为了不再犯同样的错误，并将其作为全公司的共同财富。**

以前有一位年轻的丰田员工J，有一次向美国发出了订单，采购了为了研发必须要使用的设备。当然，这经过了公司内部正规的手续申请。但是那台机器不光花费了相当于J月工资的100倍的昂贵价格，而且送来之后就发现了问题。

J很害怕地向上司汇报，上司觉得这是J的问题，指责J并要他负责

任。于是J一个人向当时负责研发、后来担任丰田汽车董事长的丰田英二检讨。当然，J已经做好了被叱责的心理准备，但是丰田英二先生询问道："你现在找到了机器的问题所在了吗？"J回答："找到了。"丰田英二先生告诉他："找到就好，这次失败就当成你的学费了。"

可以预见的失败和同样的失败重复多次是不能够被原谅的，但是为了得到新的知识而尽了最大的努力之后的失败却是情有可原的。

丰田英二先生说："**即使是失败，如果觉得对那就去做吧。当然要把失败的经历以书面形式写下来，必须要写下来才能记住，否则不能警告以后的人不犯同样的错误。**"

不是追究责任，而是探究原因

鼓励部下"勇敢去挑战"是上司的一项工作。并且，不要去指责部下竭尽全力之后的失败。如果指责的话，部下就没有了"挑战"这些想法了。

因此，在丰田生产方式中，不是执着于追究失败的责任，而是重视探究原因。在此基础上，为了避免同样的失败产生，即使再细小的失败，也要把理由和对策记录成资料保存下来。

虽然口头传授失败是重要的，但仅仅是这样很难成为共同的财产。无论负责人怎么更换，时间怎么流逝，失败也能被保留下来，这一点是很必要的。建立大家能够看到和学习的体系是重要的。

当然，记录并不是简单地记录下来，而是在调查得出真相的基础上，把对未来产生什么样的教训等情况和解决方案完整地保留下来，这才是丰田的"失败的记录"。

丰田因此成为世界第一

有成功、有失败的工作和没有这些、平淡的工作相比，不知道好多少。无论成功还是失败，分析原因、留下记录，这才是公司共同的财富。这样一点一滴地不断累积，工作才能变得更好。

将失败记录下来，变成宝贵的财富

订购了有问题的设备的J先生

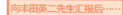

丰田生产方式 = 出现失败不追究责任，但追究原因

丰田的独到之处

不管多么小的失败，也要将原因和解决方案的书面记录保留下来

17

不要把原因探究交给部下完成，如果发生了事故，作为责任人要亲自确认

仅仅看资料没有说服力，最好的解决方案在现场

丰田的口头禅之一是："到现场看了吗？"

比如指导工作的时候，如果报告上说"我已经拼命做了但还是不行"，那么上司一般会想到"真的努力了，但是很遗憾"吧。以上司的水平，是看到资料或者听报告就能够理解状况的。

但是如果任何事情都只是读或者听，是没有说服力的。丰田生产方式还加入了"用眼睛在现场确认"这一条。这样做的话，哪些事情在预料之外，在哪个地方着手会更好，将能够被确认，然后给出相应的建议。失败是下一次成功基础。如果成功了，可以将成功的事例推广扩大到其他的部门；即使失败，也是公司的财富。

即使是很小的事故也要去现场，自己动脑想对策

曾经有一家实践丰田生产方式的公司的工厂内频繁地发生小事故。虽然并不是致命的事故，但数量却比同行业其他企业多出很多。安全和品质是一切的前提。为了实现安全生产，公司向这家工厂派遣了K。

在K就任数日后，现场就又发生了一次小事故。发生事故部门的部长将事故报告上报了之后，K对于内容产生了质疑。但是部长窘于回答便叫来了科长，科长也不能够准确回答便叫来了组长。组长一说，K便懂了，终于得到了能够说服自己的理由。

经历这件事的K立刻明白了个中原委，于是当再次发生事故的时候，立刻到了生产现场。果然和K想的一样，部长和科长都不在，只有组长将现场的人说的记录下来。

在这个工厂，责任人谁都不去事故现场，仅仅是从下到上的层层报告。这样的做法不管是原因的查明还是对策的提出都是不彻底的，当然减少不了事故的发生次数。

K指示部长和科长，无论多小的事故都要去现场调查原因，为了不再发生相同的事情而采取改善措施。当然，K自己也必须在现场，用自己的眼睛确认。

最终，工厂的事故急剧减少，大家也都向着以前都认为是不可能的"事故零发生"的目标而贡献智慧、努力前进。

不仅限于事故，失败也要用自己的眼睛看，自己思考。不在现场的负责人，必须要赶赴现场调查原因、思考解决方案。这样真诚的姿态能够减少失败，防止事故的发生。

丰田生产方式中，也把这种做法称为"现场的教训"。

丰田因此成为世界第一

虽然所有的事情用自己的眼睛确认是很难做到的，但我们必须要有这样的意识，那就是仅仅听说或者看报告书是不能够完全理解事实的。最重要的方法是要在现场观察，不能够轻信写在纸上的文字或者人们说的话。

出现失败要用自己的双眼进行确认，用自己的头脑进行思考

被派遣到事故多发工厂的K先生

只看部下提交的报告书无法降低事故发生率

丰田的独到之处

出现事故的话，负责人要前往现场调查原因、思考解决方案

18

不要状况好的时候就很兴奋，状况好的时候采取措施才能在不好的时候存活下去

不裁员的丰田只有过一次人员整理

虽然很多人都在说摆脱困境，但是几乎没有人说如何在顺境中突围。但是，在公司状况好的时候或者业绩好的时候，我们一定要做些什么，因为未来是瞬息万变的。

以"不裁员"著称的丰田只有一次进行了大规模的人员削减。这是1950年的事情，当时汽车卖不出去，在库房堆积如山，迫于资金链的周转困难，丰田接受了银行的贷款。

但是银行的条件是1 600人的人员削减以及创始人——总裁丰田喜一郎的辞职。是无可奈何地接受条件还是选择破产？

丰田接受了条件，削减了人员，而总裁喜一郎也辞职了。

出任新总裁的是被称为"丰田中兴之祖"的石田退三先生，而解救石田先生困境的是伴随着朝鲜战争而来的"战时特需"。来自美国的

大量军用运输卡车的订单，使丰田一时大获成功，从减产变成了大增产。

这时一个严重的问题产生了：失去了1 600名员工，如何构筑增产之后的制度？7 000人月生产1 000辆汽车的产能，现在变成了5 000多人月生产必须达到1 500辆汽车。

虽然丰田可以按照平常的想法雇用新人，但是石田先生并没有采取雇用新人的做法。

当然，丰田为了提高产能增加了一些设备投资等，但是石田先生说："我提出来的方针是直到最后都要控制人员的增加。战时特需只是一时的情况，我深深地感到：和摆脱困境一样，在顺境中突围也必须找到对的方法。必须要握好手里的刹车。"

在顺境中突围的设想

头疼于石田先生指示的是生产部门的负责人大野耐一。

按照原来的做法是达不到增产效果的。但是如果要求不合理的加班，员工又会说："那么就把辞去的那些人叫回来吧。"

由此产生的，是"以最少的人通过减少浪费来生产制造"的丰田生产方式。虽然人员不增加，但以现有的人数通过改善活动提高生产效率，付出最大的努力将不可能变成可能，丰田也实现了跨越式的发展。

同样在进行人员削减之后迎来顺境的企业，以人员的增加来应对需求的激增。但是当战时特需结束之后，不少企业陷入了困境。

泡沫经济时期迎来的好形势，企业也好，人也好，都财大气粗，很容易大量招聘人员，这个时候如果没有"在顺境中突围"的想法，一旦遇到了不好的形势，企业可能一下子就会陷入不振之地。

✏️ 丰田因此成为世界第一

不好的时候，人一定要付出努力。但是状况好的时候，即使不出力也能够随着大环境获得利益。几乎没有人思考"在顺境中突围"的想法。但是，只有在顺境中深思熟虑，才能培养出闯过难关的能力。

面对机遇的时候做出的选择将决定未来的发展

丰田没有因为"战时特需"而增加员工

"在顺境中突围"的思想拯救了丰田的危机

丰田的独到之处

遇到困难时要发挥智慧，面对机遇时同样也要发挥智慧

19

不要碰到了难题之后就立刻回答"不会"，人类的智慧是无限的，要相信自己继续思考

人的智慧是无限的

"丰田生产方式到底是什么？"如果有人这样问，回答一般都是"在人的智慧的基础上的'自働化'以及Just In Time两大支柱。"

"自働化"始自丰田的创始人丰田佐吉。佐吉在自己发明的自动织布机中加入了出现状况时自动停止的系统，加入了智慧的"带人字旁"的"自働化"由此诞生。

Just In Time是丰田生产方式的创始人丰田喜一郎提出来的。之后大野耐一将其实践并形成体系化。

两者共同的目标是"减少浪费制造产品"以及"通过人的智慧进行改善活动、制造产品"，丰田生产方式是从相信人的智慧开始的。

曾经，大野耐一将一个非常难的课题交予一位科长完成，但科长立即说完成不了。大野先生大发雷霆，说道："你有那么多部下，你完

全无视部下们拥有的智慧，就说完成不了，太不像话了。"

这是坚定相信人类智慧的大野先生式的怒气。

因为大野的口头禅就是："人是非常厉害的，人的智慧是无限的。"

无法相信任何事情的时候请相信自己

低估自己部下"没有智慧"的经营者和管理者有的是。但是，实际上不是部下没有智慧，而是上司没有引导部下发挥才能，这样的案例比比皆是。

而且断言"部下没有智慧"的上司其实是将"知识"和"智慧"混为一谈了。两者的区别是"知识是金钱可以买到的，但智慧是金钱买不到的"。知识可以通过在学校学习或者读书掌握。但是，像解决工作中的问题的智慧，只能是自己通过工作习得的，绝无其他方法。

因此，丰田生产方式的上司在工作中不时让部下陷入困境。这是激发他们用自己的智慧解决问题。

感叹"部下没有智慧"，其实可以说是上司的失职。

一位丰田在职员工在丰田退休员工酒会上感叹："最近太忙了，人手和时间啊，都不够。"其中一个退休员工说："不够的不是人手和时间，而是你的智慧。"

这就是丰田。最重要的是相信人类的智慧，相信人类的可能性。

上司也好，部下也好，要形成一个整体，一起激发自己的智慧。只有这样，才能培养出强有力的竞争力和出色的制造能力。

✎ 丰田因此成为世界第一

　　部下没有及时回应上司的问题或者早早放弃，绝对都是因为没有善用智慧。对于部下来说，首先要相信自己的智慧。如果不相信自己，到底还能相信谁呢？丰田生产方式始终是相信人类的智慧。

丰田生产方式始于对人类智慧的信任

因为说了"做不到"而遭到大野先生训斥的科长

××科长，有一个严峻的挑战要不要试试？

我做不到。

你竟然无视部下的智慧就擅自说出"做不到"！

| 大野先生的口头禅 | = | "人是非常厉害的，人的智慧是无限的。" |

参加丰田退休员工酒会的丰田在职员工

人手和时间都不够。

我看是你的智慧不够吧。

批评部下"没有智慧"的上司

↓

这个上司缺乏激发部下智慧的能力

丰田的独到之处

相信自己、相信部下，团结一致激发智慧

世界一流的丰田倾心于"仓库"的理由

对于美国IT企业的创业者来说，"创业要从车库开始"，这是创业的精神和热血的象征。

1939年创业的惠普公司就诞生在车库。憧憬着创业的史蒂夫·乔布斯和史蒂芬·沃兹涅克在乔布斯的车库里成立了苹果电脑公司。1998年成立的谷歌也是如此，创业者拉里·佩奇和谢尔·盖布林借用了朋友家的车库，搬进机器，一天24小时疯狂地工作。

甚至1994年创立亚马逊的杰夫·贝佐斯，为了创业特意搬到了微软的诞生地——西雅图，借了一处当地的车库。虽然没几个月就无可奈何地搬走了，但新搬去的地方还是车库。他们确实是从心底里很在意这件事情。

像这样的美国IT企业继承了"车库文化"，丰田也有这样的传统。

这个传统就是日本式的杂物间。

丰田佐吉出生在静冈县湖西市，从小就一边帮助父亲做木匠的工作，一边在自己的杂物间里研究织布机。并且，发明了被誉为世界第一的自动织布机。

现在，那个杂物间被复原成了"丰田佐吉纪念馆"，供丰田以及丰田旗下公司的员工进行参观学习和研修，以及清扫。

公司的原点是创业者最大的梦想

丰田佐吉先生说："我并没有优于他人的创造能力，所有的都是智慧的结晶。"只有小学学历的丰田佐吉先生，从改良母亲使用的手工织布机开始，通过自学和努力最终实现了世界级的发明。

实际上，丰田佐吉运用的"制造产品，看到问题点然后不断改善"的方法，就是丰田生产方式的雏形。

为了保护这个原点，丰田章男总裁的父亲丰田章一郎对他说："即使丰田家的所有财产都失去，这间杂物间也不能失去。"这句话包含着丰田章一郎先生的全部思想。

随着企业越来越大，创业的意志变得越来越淡薄。当然，为了应对变化，企业也在成长，但是，守护创业式的热情和志向也是必要的。

曾经，乔布斯离开苹果，苹果制造产品的灵魂变得越来越淡薄，陷入了利益至上主义，陷入了濒临破产的危机。但当乔布斯重新回到苹果担任CEO之后，苹果终于又找回了创业精神，受全球追捧的iPod

和iPhone相继面世了。

丰田在陷入雷曼破产引起的危机时依靠着创业的精神，回归到了丰田生产方式的原点。因为丰田已然成了大企业，丰田佐吉纪念馆对于新进的员工来说，至多只是个"车库""杂物间"而已，但是那里确实包含着创业者们的全部热情和思想。

曾经，微软的创始者比尔·盖茨被问到他竞争对手是谁。盖茨回答说："那些在车库里不知道发明着什么的家伙。"那些甚至能改变世界的创新，总是从小的地方开始。世界第一的丰田也是从杂物间开始。如果有梦想或者想法，就从身边的地方开始，首先试着去做吧。

第 三 章

突破自己的极限，
接受新的挑战

20

不要拘泥于常识之中，偶尔要挑战不可能的事情来扩大自己的边界

如果去掉一个"0"怎么样

工作是通过稍微脱离常识的想法不断改善的。不过为了改革，仅有这些还是不够的。有时承担些"绝对不可能"那种程度的过分要求也是必要的。

坚决执行这一条的是大野耐一。

比如负责降低成本的L在提出10亿日元的设备投资计划时，大野先生说："这个预算太多了，如果去掉一位，去掉一个'0'试试看。"

10亿日元在当时是正常的数字。即使说出5亿日元都是有些夸张的。更何况是做到1亿日元呢？

L怀疑自己的耳朵，但是大野先生的话不容置疑。除了想办法降低预算外别无他法。L和工厂的员工共同努力，终于按照预算实现了"少一位数"的目标。

虽然是严峻的考验，但是通过这样的挑战，丰田员工也从中激发了智慧。

从"位数错误"开始思考

岂止是将目标位数减少一位，减少两位的项目也有。

20世纪60年代，丰田车间的冲压机床的程序更换（品种和工艺改变时需要的操作）需要3个小时。但是大野先生提出的要求是缩短到3分钟。

这听起来是完全不可能实现的目标。当时世界最先进的汽车制造商的程序更换也要花费2个小时。但是，年轻的丰田人知道，在丰田生产方式的产品制造中3分钟是非常有必要的，于是团队为大野先生的指示苦思冥想。通过不断改善操作的合理化和操作顺序的标准化，首先将时间缩短到了1个小时。

虽然距离目标还有很远，但是已经有了飞跃。

在程序更换中，有机器不停止就不能开展作业的"内工序"和机器不停止也可以开展作业的"外工序"，所以团队决定将花费时间的内工序彻底外工序化。这是非常厉害的思维转换，而且通过各种各样的操作，最终形成了能够单次操作就完成的措施。

就这样，虽然刚开始觉得是不可能的3分钟，但最后变成了现实。

如果是百分比的增减，那么用常规的努力就能够实现。但如果是改变位数这样的增减，因为必须所有的事情都要从零开始思考，所以能够产生特别厉害的想法，而创新就在这个地方产生了。

丰田生产方式这种一点一滴踏实改善的风格被人所熟知，但是丰田偶尔也会挑战看似不可能的难题，从而实现跨越式发展，成为世界性的企业。

✎ 丰田因此成为世界第一

正是在严格的要求之中诞生的世界性通用的"能不能由……"才是丰田生产方式。试着思考一下，比如10个人承担的工作能不能由1个人完成。不是想着"无论怎样都做不到"，而是充分思考"要如何去做"，这样才能意外地产生好想法。

看似不可能的事情想办法实现

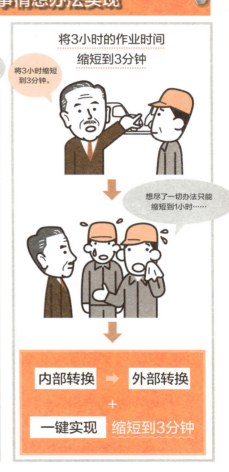

用1亿日元实现原本计划10亿日元的设备投资

去掉一个0怎么样？

大概需要10亿日元……

想办法用1亿日元搞定。

只用了1亿日元就达成了。

将3小时的作业时间缩短到3分钟

将3小时缩短到3分钟。

想尽了一切办法只能缩短到1小时……

内部转换 ➡ 外部转换

+

一键实现 缩短到3分钟

丰田的独到之处

将"无论如何都不行"变成"无论如何都要想办法"

21

不要仅仅按照上司说的做事情，
要加入自己的思考做工作

对于指示要加入自己的一些思考

如果上司指派的工作说得很详细，你就会仅仅按照说的来做事情。在丰田，如果按照指示的内容一成不变地开展工作，绝对是无价值的。工作中要求必须加入自己的智慧。

已经入职第六年的丰田员工M所在的工厂出现了故障。M所在的部门负责在出现故障时应对故障，并且马上给员工下达工作指示。但是，偏偏不巧的是M的上司出差，当时也不是手机时代，所以联系上司、等待指示也需要花费时间。所以事情就变成了必须由M来做决定。

M想起了曾经类似问题产生时上司的处理方法，于是做出了同样的应对指示，随后事情顺利地解决了。

但当他将情况汇报给出差归来的上司后，上司严肃地批评了他。

理由是这样的：两个故障确实是很相似的。但是，上一次和这一次并不是同一次。尽管这样，M还是做出了和上一次同样的指示。"为什么不去动脑筋想出一个更好的解决方法？"这是M被指责的地方。

言听计从的家伙是愚蠢的，照着去做的家伙更愚蠢

在丰田生产方式中，即使最年轻的员工都会有需要紧急应对的时候，他们都被要求去发挥自己的智慧。即使上司做出了详细的指示，也要附加自己的智慧，思考更加优秀的办法。

大野耐一当然也是这样。如果当他说明了如何去做之后，部下完全按照他所说的去做的话，那么大野先生即使认同这个做法也会大发雷霆："言听计从的家伙是愚蠢的，照着去做的家伙更愚蠢。只有做得更好的人才是合格的。"

作为部下，被说成是笨蛋可能不会沉默吧。但这才是丰田创新的实际所在。

比如买回的机器，如果按照说明书所写的去使用，按照说明书所说的去制造的话，那么谁都可以去做。但这样的话是不能在竞争中超过同行业的其他公司的。使用机器也不是只有你才可以，你不是必不可少的。

机器的使用方法只有加入了种种窍门和智慧，才是可以超过其他公司的独创方法。

对上司的指示或者参考其他公司的成功案例，或者在经管书籍中

以及研讨会上所习得的理论，同样如此。所有的事情必须加入自己的智慧，才能让事情变得更好。

细小智慧日积月累，才能培养独立思考的能力，才能走向创新。

🖉 丰田因此成为世界第一

当今的时代，无论收集多少信息，我们是否只是在满足以复制粘贴的方式使用？在丰田生产方式中，仅仅满足于这样的人被称为"笨蛋"。在当今这个信息爆炸的时代，拥有更加优秀的智慧是非常必要的。

在上司的指示里加入自己的智慧

遇到问题时，因为和上司采取了同样的处理方法而遭到训斥的M先生

大野耐一先生："完全按照我说的去做的家伙是笨蛋"

多下功夫，多用自己的智慧

丰田的独到之处

小智慧的不断积累将带来巨大的革新

22

不要仅满足于一种解决方案，要想出几种解决方案，然后选择最优方案

不要受限于"自己自信满满的解决方案是最好的"

像登山的路径不止一条一样，在工作中达成目标的方案也有很多。为了找到最优方案，要尽可能多地思考方案，从中进行选择，这个过程是必不可少的。

年轻的丰田员工N，在上司指派的难题面前认真思考，想到了非常优秀的解决方案。于是赶紧将其写成具体实施方案，自信满满地上交了报告。但是，上司的反馈却说他的方案是毫无思想的。

"你除了这个方案之外，是否考虑了其他的备选方案？你的解决方案与备选方案相比，有什么可取之处？"

N很意外，仅仅因为自信，一心认为自己巧妙的解决方案会被领导表扬，所以完全没有思考其他的备选方案，也没有进行对比和探讨等。N还没有将丰田生产方式实践到工作中，而丰田生产方式的要求

是"对于一个目标，能够实现目标的方法和方案会有很多"。

对于目标，实现方法有很多

一家食品制造企业事故频发。从工厂配送到超市的物品不能够按照规定时间送达，在规定时间内送达的也净是些次品，这样的投诉屡见不鲜。

厂长和物流中心负责人召开对策会议，提出了"为了能够更快地准确分拣物品，导入自动分拣机"这样一个最优方案。

但是，生产部长觉得并不是这样，他疑惑事故的原因是否仅仅是因为分货的不及时。生产部长认为应该进一步调查真实的原因，并且觉得要探讨一下多个解决方案才更好。于是请来了丰田生产方式顾问调查真正的原因。

顾问将工厂和物流中心的现状仔细地调查了一遍，将事故的原因分几点总结，写成了书面报告：比如说从超市来的订单信息中，交货时间要求并没有传达到工厂，这样的话，当然会造成事故多发。

同时，顾问提出了几个改善方案，并将这些改善方案落地实施，之后事情急速好转。不过值得思考的是，在改善方案当中并没有"导入自动分拣机"这一项。

厂长和物流中心负责人虽然给出了"最优方案"的结论，但是如果省略了"追究真相""提出几个方案""对比和探讨"这三个过程，就不能说这是最优方案。假设当时导入了自动分拣机，可能也只是暂时解决问题而已。

✏ 丰田因此成为世界第一

　　在改革中，如果不能够集中大家的智慧，就不能够说是最好的，或者说是结论。无论什么样优秀的解决方案出现，也要思考是否有其他更好的代替方案，然后进行对比和探讨。虽然要花费一些时间，但是只有经过这样的阶段才能找到真正的最优方案。

要想让自己的提案被采纳，必须多准备一些备选方案

追求真正的问题解决的丰田生产方式三步骤

STEP①	STEP②	STEP③
追究真正的原因	提出多个方案	进行比较分析

丰田的独到之处

对多个方案进行比较分析之后选出最佳方案

23

很难向人说明自己的想法？
想到的事情首先自己去试着做一做

停止的生产改革再次启动的理由

提案或者想法的效果好坏有时候很难用语言和图表说明。这个时候，实际上的尝试和"干干试试"的积极性就非常重要。

一个生产厂家将丰田生产方式作为基础导入进来实施生产改革。但是改善项目提出来之后，遭受了很多来自现场的基层管理者的反对，他们觉得"即使做了也是没用的"。

改革一时无法推进。这个时候项目组决定成立"立即执行小组"。如果越是大型的改善反对越大，那么从细小的改善活动开始会更好。不花费金钱，能够简单地操作的话，反对就非常少。"立即执行小组"在听到哪里有问题、哪里需要改善一下等这些声音之后就立即行动，将改善落地实施。

这样做之后，现场的反应非常好。虽然在会议的讨论中还存在

"是否要做"的声音，但也出现了"这样做了越来越好""如何做会更好"等具体的、积极的声音。

并且，项目组要求在夜间当班的负责人巡视工厂时，把当日的所见所闻的问题写在巡视日志中，"立即执行小组"会在第二天立刻进行改善。

虽然说指出其他部门的问题有时会觉得是诽谤，所以之前的日志都是些不得罪人的内容。但是，如果将指出的问题立即解决的话，就不会被当成诽谤。日志的内容也能够有针对性地反映出问题点。

这样的"立即改善"的日积月累，让现场的基层管理者们觉得"改善这件事看起来也是好事情"，于是生产改革开始高速地向前推进。

如果有好的想法就试着去做

有一位在娱乐界获得追捧大获成功的制作人，在年轻的时候也度过了提出的策划方案完全被否定的时期。

那段时期的某天，这位制作人和他的前辈在一起喝酒的时候，制作人说："这次是真的不行了。"但前辈给他提出的建议是："因为想法特别有趣，所以最好试着做一次。"

于是制作人和几个朋友进行了实际表演和拍摄，在开会时让大家看一看。虽然演技很拙劣，但是全体人员笑得前仰后合，于是大家一致决定可以去做。由此，制作人打开了成功之路。

　　将想法传递给别人是特别难的。如果语言沟通不了，那么就试着做一次。这样做能够让对方一下子做出判断。同时，哪里好、哪里需要改，自己也能够看到。

　　仅仅通过讨论等沟通方式无法传达想法的时候也不要退却。"如果有想法试着去做"，这才是丰田生产方式。

✏ 丰田因此成为世界第一

　　如果感觉到问题点就立即改善。有想法就立即去试一试。仔细思考也是需要的，但有些时候立即采取行动的方法会更好。实践之后，方案能够被看见，大家能够判断，自己也能够成长，这样的例子也是很多的。

想到好的创意就立即开始行动

丰田的独到之处

深思熟虑固然重要，但有时候具体的演示更容易让人理解

24

去过现场吗？只有去了现场才能想出好方法

既然是为了减少浪费，那么就不要制作无用的资料

思考改革方案或者解决方案的时候，是否存在倾向于仅仅使用电脑数据的习惯？其实最重要的是"去生产现场"。人们虽然知道这些，但是由于每天工作忙碌，不去现场的人也不少。如果忘记了去生产现场的话，有可能就失去了最重要的东西。

丰田改善小组邀请大野耐一先生出席改善案例发布会的时候，被大野先生斥责了一顿。

"明明是为了减少浪费在开展改善活动，为什么要制作资料召开那样的发布会造成浪费？"

让各个岗位制作发布会的资料本身就是在浪费，"那些事情要做的话去现场就好了，在现场就什么都明白了。"

如果去现场，就能够立刻知道哪里好哪里不好，也能够发现问题。特意制作书面报告或者资料是没有必要的。用准备发布会的时间去生产现场，才是对时间的合理利用。

　　无论改善有什么样的效果，只要去现场就能够一下子明白。花费时间开发布会，就是挤占去现场的时间和在现场改善的时间。这是愚蠢的做法，是本末倒置的做法，这就是大野先生发怒的理由。

现场是带不回家的

　　一家企业为了引入丰田生产方式，特意邀请了年轻的丰田员工O。O最初在办公室听来自现场的报告，然后写成书面报告提交给在丰田的上司，但是生产改革并没有顺利进行。

　　O和在丰田的上司讨论为什么会这样的时候，上司指出"资料虽然可以带回家，但是现场的情况是带不回家的"。

　　从那以后，O几乎不会待在办公室，而是到现场，和现场的人一起实施改善活动。这样，供应商看到O的姿态也逐渐凝聚在一起。生产改革终于进入了正轨，O完成了目标，回到了丰田。

　　随着信息化的逐渐深入，虽然表面上看起来现在制作资料和会议的时间比起以前会缩短，但是实际上却是相反的。员工面对电脑的时间无限制地增多，很多人感叹着被剥夺了去现场的时间，而且因为报告和会议，去现场的时间几乎没有了，人们发着这样的牢骚，改善和改革也无法取得进展。

带不回家的现场我们要首先去看。虽然现在需要防止泄露的商业机密很多，但是要将在现场收集的情报装到脑袋里，锻炼无论何时何地都能探讨问题、提出解决方案的能力。

丰田因此成为世界第一

虽然我们要注重看数据、制作资料的事情，但是这能够称之为工作吗？问题意识也好，改善方案也好，新的想法也好，如果去生产现场的话，就会自然而然地产生。无论什么时代，工作的源头都在现场，只有现场才是最重要的事情。

答案都在现场

大野耐一先生对举办改善案例发布会火冒三丈的理由

改善的结果去现场就能一目了然

丰田的独到之处

工作的原点是现场，只有现场才是最应该重视的地方

25

不要拘泥于规则的绝对性，
要将错误的规则一点点地改变

规则不是被决定的东西，而是自己决定的东西

丰田生产方式的特点之一是将被决定的事情转变成自己决定的事情。

比如在工厂，决定了操作顺序的"标准流程"，首先是要求大家按照标准去执行的。但是，随着工作的推进，如果觉得"这样改的话会更好"，那么提出改善方案就可以改变标准流程的内容。

也就是说，在丰田生产方式中，不用始终遵守决定了的标准流程，要拿出自己的智慧，用自主的工作方式遵守自己决定的标准流程。

不仅仅是标准流程，工作的全部内容都是一方面要遵守规则，另一方面要改变规则。在丰田，这是被认可的。

错误的规则必须改变

为了帮助亏损企业改善经营而就任总经理的P，在以丰田生产方式进行生产改革的时候，感受到了公司必须要改变的陈旧规则。

比如，在公司有员工统一休息的规定，但由于卫生间数量的原因，员工的休息时间在等待卫生间中度过的现象并不少见。还有，在涂装工序中工作的员工，可替换的工作服很少，所以涂装过程中，衣服脏了之后就特别显眼，非常影响工厂"5S"的要求。

P对管理者提出了改善提案：在不影响制造、生产的情况下，错开员工的休息时间，增加员工的工作服数量方便员工替换。但是管理者坚持声称："因为是已经决定了的规则，所以无法改变。"

这样的事情在公司出现了好几次。然而，这只是公司的规定，又不是国家宪法，如果不符合实际情况，难道不应该改变吗？但是，管理者不愿意冒险，所有都以"规定"作为借口固执到底。P终于发现了这家企业业绩低迷的原因。

遵守规则确实是非常重要的，但是如果规则错了就必须改正，这是丰田生产方式的思考方法。在丰田，如果不改变标准流程，没过几个月，员工就会被问责为什么没有做改善。因此在丰田，改变是理所应当的。

P劝说固执、不想改变的管理者和员工要毫不犹豫地进行改变。如果有想变化的决心，就能够发现问题、思考问题。这样日积月累，就有可能产生优秀的想法，也会创造一个轻松工作的环境。

终于，这家企业的改善成了日常。每个月几百件的改善提案能够落到实处，随之而来的是企业业绩的好转。

丰田因此成为世界第一

在组织中会有陈旧的常识和脱离时代的规则。当我们产生"到底是为了什么"的疑问或者感到工作的不便时，不要仅仅将思考停留在"这一切都是由于规则"而不了了之。不合理的规则、无效率的工作方法必须改变。毫不犹豫地进行改变的态度是非常重要的。

规则不是一成不变的，应该适当进行修改

为了让亏损企业重获新生而就任总经理的P

休息时间能不能调整一下？

工作服能不能多发几套？

这些都是有规定的，不能随意更改！

| 丰田生产方式 | = | 错误的规则必须改正 |

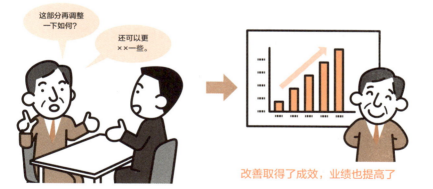

这部分再调整一下如何？

还可以更××一些。

改善取得了成效，业绩也提高了

丰田的独到之处

不符合实际情况的规则与过时的习惯都应该改正

26

不要拘泥于信息和已有知识，有时要抛开这些，直面事实

将一切看成一张白纸

"将一切看成一张白纸"是大野耐一对年轻的丰田员工经常说的一句话。

但在现实中这样做是比较困难的。比如，即使看到了生产现场的状况，也容易因为先入为主的印象，无意中过滤掉一些事情进行自我理解。最终不能从事实当中寻找答案，而是自己擅自做了决定。

应该看到的是事实，试着从事实中找到答案。

年轻的丰田员工Q正要结束生产现场的改善活动时，大野耐一先生来了。当他向大野先生汇报之后，大野先生只是看着生产现场沉默很久，然后对Q说："在这里画一个圆，然后站在中间看看。"说完大野先生就离开了生产现场。到底要看什么？为什么要站在这里？Q完全没有头绪，于是用粉笔画了个圈站着看。

傍晚，大野先生来问他是否明白了。Q说没有明白。于是大野先生让Q明天继续画个圆站着，然后就走了。

第二天，Q再次画了个圈，在生产现场站着看，但还是没有头绪。吃完午饭休息之后，下午Q继续站着，大野先生来了之后问他是否明白了。虽然Q还是不明白，但他暂且回答说明白了，于是大野先生说那么请立即改正吧，然后就走了。

Q开始明白了大野先生的意图。

Q所开展的改善活动陷入了自我满足之中，但是，仔细地看了生产现场之后，工厂的工人操作确实是不顺畅的。所以改善指示是不合理的，改善给现场的工人带来了很大的不便，降低了现场生产的工作效率。

Q立刻再次改善，将改善结果报告给了大野先生。

丰田生产方式的三"看"

丰田生产方式的"看"有三个层次：

对生产现场盲目的"看"是什么都看不到的；观察的"看"能够看到现状；分析的"看"才能够看到一些需要改变的问题点。

大野先生如果对部下的报告或者供应商的说明不能满意的时候，就会在生产现场站上十几分钟，用自己的眼睛确认。这是大野先生的常态。为了教员工学会观察和分析，他也经常让年轻的丰田员工站在

圆圈里边看。

即使在今天，这也是丰田人的习惯。

有位丰田海外业务的负责人在国外出差的时候，会站在那个国家的城市一角，直直盯着有多少丰田汽车行驶而过，他要用自己的眼睛确认提交的数据或者书面报告是否符合现实的情况。

> **🖊 丰田因此成为世界第一**
>
> 间接的信息和知识是必要的，但是有时也会因此变得先入为主或者深信不疑，遮盖现实。暂时抛弃固有的信息和知识，什么都不要想，像白纸一样思考是很重要的。只有看清现实原本的模样，才能使改革向正确的方向发展。

准确把握事实的技巧

"改善之神" 大野耐一先生的谜题

丰田生产方式的三个 "看"

看到 ……什么也 "看不见"

观察 ……对现状进行 "观察"

分析 ……对应该改善的问题点进行 "分析"

丰田的独到之处

对信息和知识不能囫囵吞枣，要准确地把握事实

27

不要将事情终结在"听说"这个层面，要刨根问底直到看见事情的本质

"听"与"看"都有三个层次

丰田生产方式中的"看"有看到、观察、分析三个层次，同时"听"也有三个层次：漠然的"听"、具体的"听"和详细的"听"。

丰田员工R在访问供应商帮助他们进行生产改革时，一边巡视工厂，一边问生产线负责人以及现场的员工有没有什么问题，每个人都说没什么问题，都很顺利。

其实在R眼中，现场净是些问题。但因为现场的员工将看惯了的现状当作自然而然的事情，所以在他们看来是看不到问题的。

然后，当R再次询问现场的负责人有什么问题的时候，问了大家有没有什么问题。有人开始提出两三个问题。这是一般的听的水平。

当R把自己看到的问题具体地指出来问"有没有这样的问题"时，现场的员工开始反馈了很多问题。像这样在具体的引导下发现问

题，这是具体的听的水平。

当R详细地询问，如果要生产更优质的产品现场存在什么问题，如果要生产更加便宜的产品现场存在什么问题时，大家发现问题超过100个。像这样详细深入地问，才能够将问题揭示开。这是详细的听的水平。

这样的一问一答之后，R说明了听的三个层次和看的三个层次，于是供应商的改革从此以后开始慢慢推进。

保有自己的提问方式

这件事说明了丰田生产方式中使用的很严密的语言。

比如，如果生产线出了事故，并不是说"它停止了"，而是说为了事故的改善活动必须"让它停止"。

另外，产品不是依靠机器制造的，而是必须要在机器中加入员工的智慧。因此，在日语里边虽然写成"自动化"，但是在丰田生产方式中写成了加单人旁的"自働化"。

尤其是现场的责任人，不允许没有问题意识的"去看"或者默然的"去听"。这样无法进行改善和改革。

通常要保持问题意识去观察诊断，并且，需要用"为什么要用这样的方法？""更好的方法还有没有？"等具体地提问步步引导，激发员工思考后的回答。

🖊 丰田因此成为世界第一

我们经常说"要看现场""要听现场员工的反馈"。但是，我们处在什么水平的"看"，用什么姿态"听"，结果是非常不同的，引导出来的回答的内容也非常不同。区分使用三个层次的"听"和"看"是非常必要的。

改变"听"的方法，发现真正的问题

更进一步

丰田生产方式的三个"听"

耳朵听	……漠然的"听"
倾听	……具体的"倾听"
询问	……详细的"询问"

丰田的独到之处

带着问题意识去"听"和"看"能够改变工作的结果

28

不要成为仅仅能指出问题的人，
要成为能解决问题的人

提案不要只停留在开始阶段

提出问题，指出如果不那么做的话会怎样是非常重要的。但是，这仅仅是改善或者改革的前期阶段而已。最重要的事情是提出具体的方案，指明如果这样改的话会带来什么好处，解决实际的问题。

丰田生产方式中，将仅仅指出问题的人称为"诊断师"，将实际上解决问题的人称为"治疗师"。

很多人都是诊断师。因为或多或少还是有些拥有制造经验的人，或者有一些知识储备的人会在现场看到一些问题然后提出来，这并不是很难的事情。

但是，看到问题立刻提出改善方案并付诸实际行动的"治疗师"格外地少。而在生产现场使实际操作的工人们都心服口服更是非常困难的。

不做仅仅能够诊断现场的"诊断师"，而要做解决改善实际问题的"治疗师"。

仅仅以高姿态发号施令是无法让人们工作的

卡罗拉曾经爆炸式地畅销，这使丰田工厂产量预计必须要从一天8 000辆增产到15 000辆。这是痛并快乐的消息。

但是，在别的工厂中的铸件的生产无法跟上进度，所以无法达到预计生产数量。

年轻的S根据大野耐一先生的指示前往铸件工厂，发现工厂并没有运用丰田生产方式进行制造，因此不具备配合增产请求的能力。

S看到了铸件工厂的问题点，向大野先生做了工厂不可能增产的汇报。大野先生对S说："如果是这样的话，那你去铸件工厂做改善试试看吧。"

大野先生的思考方式是"丰田的员工不能是诊断师，必须成为治疗师"。

S在结束了丰田的工作之后，傍晚来到了铸件工厂开展改善活动。当时的铸件工厂很多人都是老工人，都是自满的姿态，几乎不听S说的话。即使这样S也没有放弃，到了半夜11点12点还在现场开展改善活动。反复说，反复地指出问题，再次改善。

如果S觉得"我是从丰田来的人，工厂的人对我提出的事情理所应当要执行"，仅仅通过发号施令指挥，那么无论是谁都不可能认真听。只有一起拿出了智慧，一起制造了产品，才使改革获得了成功。

丰田因此成为世界第一

　　诊断会让人拥有"批评家""评论家"的气质。对于职场来说，我们不需要批评家。只有将自己评论和批评的问题实际解决了才是真正必要的。只有将这些解决方案实践落地了，才是真正的改善、改革。

不要做批评家和评论家，要做实践家

指出问题的人，
只提出建议的人 **=** 诊断师

一起发挥智慧解决
问题的人 **=** 治疗师

> 这样做是不行的，
> 必须采取一些措施。

> 这地方应该这样做。
> 你看，弄好了！

解决铸造工厂增产问题的S先生

> 你去解决
> 这个问题。

> 必须赶紧去
> 铸造工厂了。

> 这样做如何？

> 你的提议
> 很好。

> 我们试一试。

"治疗师"S先生通过不断的改善，终于成功实现了增产目标

丰田的独到之处

不要光说不练，通过行动来改变现场

29

不要中途放弃了已经开始做的事情，如果认为是正确的，就要坚持到底

改善是持续做直到形成企业文化

"开始做"和"持续做"哪一个最重要？这是自古以来都面临的难题。但是在改革中，如果觉得这样做是对的，自己觉得没问题，那就要坚持做到最后。

一家公司以丰田生产方式为基础进行生产改革，在显现成果之初，一位员工在随身携带的一个相当破旧的小本子上记下"已经取得非常显著的成果了"。笔者见了标题——"丰田生产方式的导入"——之后吃了一惊，原来这家企业在十几年前就曾经导入过丰田生产方式。

看见笔记本的上年纪的厂长这样说："这么说起来，我年轻的时候，因为大的趋势，所以工厂导入了丰田生产方式。我在学习班听课，进行实际改革，当时是相当地热情。但是我们的企业是什么流行

就立刻接受，有半途而废的恶习。学习丰田生产方式也是，虽然是全力以赴地学习，但确实是暂时的，后来谁也不提了。"

这种改革半途而废的倾向，不限于这家公司。

以丰田生产方式为基础进行改革而取得巨大成果的一家生产厂，每个月都有超过1 000的见习人员来访问。他们和改革推进小组交流，参观工厂，自信满满地要将这些改革经验应用到自己的企业当中。但是，实际应用的企业和其他各类组织的数量并不多，而能坚持到底的企业就少之又少了。

坚持是改革中最重要的一部分

丰田生产方式的改革并不是很难的理论，但是实际上，开始改革是很难的，坚持改革下去就更难了。

为什么呢？因为开始改善之后，目之所及的浪费渐渐减少，看到的全都是利润数字的上升。这些反过来也成为障碍，满足于显现的成果，就会放缓改革的脚步，这样的例子很多。

丰田生产方式真正的成果的取得，是必须为了将目之所及的浪费清楚而持续地改善。然后提出更高的目标，更加地努力，只有这样才能完成改革。如果满足于某个水平或者目标的实现，然后放松下来，是很难进行改革的。

丰田生产方式改革的源头，是福特汽车的"福特生产方式"。丰田在第二次世界大战后没多久引入了这套系统，从那以后的七十多年一直在持续实践着，而这套系统的发明者福特汽车却已经不再坚持使用了。

　　如果自己觉得对就要坚持。"改善要持续地做，直到在企业里成为企业的文化。"这才是丰田生产方式。

> **✎ 丰田因此成为世界第一**
>
> 　　我们周围有很多优秀的理论或者系统，新的东西在不断诞生。企业对此保有关注和吸收并不是坏事情。但是，最重要的是在导入之后坚持去做，直到成为企业的文化。

正因为不是什么困难的理论，所以"坚持不懈"才最重要

笔者为某工厂做管理顾问时的故事

过去我们很认真地搞过呢。

丰田生产方式

很多企业虽然导入了

丰田生产方式但却没有坚持下来

改善开始后

表面上的无用功减少了，各项指标都获得了提高

认为"取得了效果"而感到满足，放缓了改善的脚步

要想取得丰田生产方式真正的效果

必须坚持改善，将隐藏在表面之下的无用功也彻底消除

为了更进一步的目标坚持改善，不能放慢脚步

丰田的独到之处

要想取得真正的成果就必须坚持不懈

30

要居安思危，景气的时候才要积累
每一个小的改善

合理化改善要在景气的时候做

改变是需要勇气的，特别是业绩好或者景气的时候。因为我们会被"好的时候没必要改变"这样的论调反对着，所以改革是很难的。结果，很多时候，很多企业等到了业绩恶化或者经济萧条之后才终于意识到这样下去是不行的，然后才开始进行改革。

与之相对，无论情况好坏，坚持进行改善和改革，这才是丰田生产方式。

大野耐一先生将这类踏实的做法称为"基础工程"并非常重视。正在景气的时候要努力去做"基础工程"，是最重要的。真正的合理化改革，不在景气的时候做才是浪费。因为景气的时候无论是什么样的做法都能盈利，所以在这个时候更不能对合理化、IE（Industrial Engineering，工业工程）这样的"基础工程"有懈怠。

丰田生产方式广受关注始于1973年的第一次石油危机。许多企业在石油危机中出现亏损，但是丰田却实现了持续盈余。在这么困难的情况下丰田能够增产，因此大家一致认为"丰田一定有什么秘密"。就这样，仅仅一部分人知道的丰田生产方式，突然变得特别引人注目。

但是，对于大野先生来说并不存在什么秘密：不过是因为在景气的时候进行的改善和改革在不景气的时候发挥了作用，不过是看清楚了"基础工程"在哪些想不到的地方发挥了作用。

改革如果在萧条的时候才开始就来不及了

丰田生产方式中"困境是产生创意的土壤"的思维方式，正是因为在景气的时候进行了基础工程而产生的。因为在景气的时候累积下足够的小的改善，在萧条的时候才能进行大的改革。

实际上，丰田预见性的细小改善非常多。

比如运输大量物品的叉车，在减产的时候就是一种浪费。作为备用，将运输包装进行微小的改善。用手推车运输箱体作为一个单位，将这些箱体用叉车来运输。这样做的话，在减产的时候就可以用手推车了。

这样的准备，要在景气的时候日积月累。

相反的，景气的时候增加叉车的数量就不好了。减产的时候，无论是制造箱子还是购买手推车都是需要钱的。为了这部分资金就会陷入裁员的困境。这就不是合理化的改善，就变成了恶性的伪合理化。

✎ 丰田因此成为世界第一

　　改善要在业绩或者景气的时候推进。做基础工程，培养基础能力，只有这样才能顺利度过业绩不佳或者萧条的时期。改革或者产品的更新也是这样。改变的勇气，变化的勇气在景气的时候尤为重要。

业绩差时再采取措施非常困难

在业绩好的时候对运送大量货物的叉车进行改善

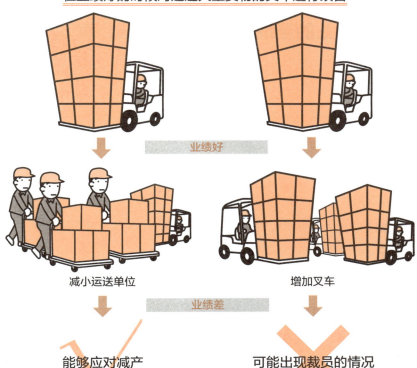

业绩好

减小运送单位

增加叉车

业绩差

能够应对减产

可能出现裁员的情况

丰田的独到之处

在景气的时候更要有"改变的勇气"

"汽车企业的圣地"底特律为什么会衰败

2013年，美国密歇根州底特律市宣布破产。

说起底特律，它曾经是世界汽车产业的核心城市，是日本汽车制造商憧憬的地方。1961年，丰田总部所在地丰田市与底特律市结成友好城市。

在纪念仪式上，"丰田中兴之祖"石田退三饱含深情地献上了致辞："我们以底特律为目标，不分昼夜地努力追赶，将底特律作为梦想和理想中的城市。今后感觉这座城市就在身边，能够在各个方面得到底特律的指导，觉得无比欣喜。"

就是这样的城市，花费预算近四成作为年金和债务处理，在这样的螺旋攀升中，持续了60年的财政恶化。最终，总负债达到180亿美元，失业率为16.3%，作为政府的职能已经无法运行下去了。

有GM（General Motors Corporation，通用汽车公司）和克莱斯勒两

家美国具有代表性的超大型汽车公司的总部坐落于此，虽然两家公司也经历过破产危机，但是GM经营状况得到改善，克莱斯勒也恢复了活力。但是为什么底特律不行了？大家充满了这样的疑惑。

企业的利润虽然上升了，但企业的工厂都搬到了海外，这样就会减少当地的就业，城市也会失去活力。全球化经济下，这样的盛极转衰的事情并不少见，不由地再次感到持续的繁荣是多么困难的一件事情。

只有企业和地区共同发展，企业存在的意义才会变大

关于盛极必衰，丰田章一郎曾经说过这样的话。

丰田汽车创业资金的一部分，是创始人丰田佐吉将发明的自动织布机的专利转让给英国普拉特公司而得来的10万英镑。

以此为契机，丰田章一郎先生在很久之后访问了普拉特公司曾经所在的城市。但是城市看起来很萧条，而且也找不到普拉特公司的足迹了，能够帮助追忆当时情景的只有在公园里立着的普拉特公司创始人的铜像。

丰田章一郎先生感叹丰田市不能像普拉特公司的城市一样，为此他感到丰田必须持续地成长。

底特律的破产也让当时的章一郎先生感慨万千。企业并不是简单地自我成长，要维持日本的总部和生产工厂，保证当地就业。只有国

家和地区共同发展了，才能够带来公司的繁荣。

如果丰田将100万辆汽车的生产转移到国外的话，日本至少有20万以上的人面临失业。20万已经可以匹敌东京涩谷区或三重县铃鹿市的人口了。

虽然很多人建议尽早将生产工厂转移到海外以获得更大的利润，但是丰田却坚持在日本生产。因为丰田考虑到不能企业自己繁荣而使城市或者国家衰落。

这是通用汽车、克莱斯勒和丰田的区别，也是底特律市和丰田市的区别。

企业，虽然以获取利益为主，也应该有其他的发展目标，不能让企业所在的地区像底特律一样衰落。

第 四 章

如果你成长了，
你的团队也将成长

31

不要从大的改善开始，而要从那些不花费金钱和时间的小的改善开始做起

改善有先后顺序

虽然改善活动的重要性人们都非常清楚，但很少有人知道改善的顺序性。如果突然从大的改善开始，反而会增加浪费，也有可能导致失败。

T公司的经营者去丰田生产方式的工厂参观时，产生了这样的疑问："我们的工厂也是全自动化的，为什么生产没有大的变化，区别到底在哪里？"

这位经营者带着疑问咨询了这个负责人，在咨询的过程中渐渐地清楚了答案是什么。

T公司的工厂乍一看确实是不逊于丰田的自动化。但是仔细地对比之后发现，T工厂的人们都是简单地运用机械化，机器的体型大且速度慢，在制品几乎没有减少。

相对的，在丰田生产方式下，丰田在使用机器自动化的过程中，实际上是在反复推敲的。

比如在采购最新的机器的时候就是这样，不是对现有的机器单纯地更新。对机器的操作说到底是由人来进行的，是加入人的智慧的工作，所以能够彻底改善机器的浪费。在此之上再采购新的机器，这样机器的操作没有浪费，速度也很快。既有提高了生产效率又降低了成本，这样的效率当然会产生飞跃式的提升。

T公司的工厂缺少这样的过程。在沿袭了原先的浪费的基础之上，新的投资又造成了成本上升。T公司的经营者，终于知道了丰田生产方式的改善是有先后顺序的。

着手于身边的小事更好

改善，从不怎么花费金钱和时间的事情开始，然后逐渐推进大的改善活动，这是改善的顺序。

比如说更新机器的时候，是从改善现有的机器开始的。在此之上，为了提高生产效率必须替换机器时，再采购新的机器。当然，对新机器也要进行彻底的改善，发挥出比说明书上提到的更高效的生产力。

这样的顺序，如果没有好好去执行的话，即使购买了最新的设配排成一排，然后自满地说"这是理想的工厂"，也很难赢得竞争。因为这样的企业没有加入人的智慧，人其实是被机器支配着。如果企业不能培养员工改善的能力，即使新机器刚开始有很高的生产力，但是随着机器的老化，生产力也会逐渐降低。

机器自动化通过改善活动，加入操作机器的人的智慧，培养改善能力才是真正的"自働化"。

因此丰田生产方式中有这样一句话："改善是智慧和金钱的总和。"

🖊 丰田因此成为世界第一

从不花费金钱、即使失败也没关系的简单的改善活动开始，慢慢地向大的改善活动推进。从小的改善到大的改善，一步一个台阶地上升推进，才能使组织变强大，培养出优秀人才。

改善最终还是要激发出现场员工的智慧

要不要投资新的设备呢？

改善的顺序

① 从消耗财力、物力较小的部分开始

② 逐渐从小的改善发展到大的改善

虽然设备很好，但不能灵活运用。

顺序错误的话

人类成为设备的奴隶

新投资设备的生产力下降

| 丰田生产方式 | ＝ | "改善是智慧与金钱的总和" |

丰田的独到之处

改善要从小到大循序渐进

32

不要把改善变成了自我满足，要明确改善是为了谁、为了什么

改善是为了顾客而做的

丰田生产方式的"改善"，也就是大部分国家所说的"KAIZEN"一词已经成为国际通用语。虽然有很多企业和组织采用，但是如果忘记最重要的"改善是为了什么而做"的话，好不容易开展的改善活动就是没有用的改善活动，它仅仅是改善游戏而已。

知名度非常高的U医院患者的数量非常多，等两三个小时甚至更长的时间已经是常态了，这是困扰U医院的问题。

院长指示员工要思考改善方案。于是收集到了很多如何使等候的患者更舒适地度过时间的方案。比如准备各种饮料、提供杂志新闻、自由地利用时间、甚至连按摩椅都用上了。

U医院下了很大的功夫，患者的评价也很好。但是院长对有些地方并不满意，于是请了丰田的顾问咨询。"这不算是真正的改善。"顾

问淡淡地说，"因为改善忽略了'为患者着想'这一基本出发点。"

确实，创造舒适的环境能够减少患者等待的痛苦。但是患者真正需要的是"缩短等待的时间"，尽可能地减少候诊的时间。U医院的改善方案忘记了"改善是为了客户而做的"这样基本的规则。

不能说将患者候诊的时间变得更舒服是无用的改善。但是如果真正地为了患者着想，应该考虑的是"如何缩短等待的时间"这个真正的需求。

如果U医院能够换一种想法，首先彻底对医院进行整理和整顿，然后为了减少"找东西的时间""携带不便"等造成长期等待的因素，用患者卡片取代了病历。

这样改善的结果是将患者等待的时间缩短到了1个小时以内。

好的改善必须看到是为了什么

虽然嘴上说改善，但是实践的方法有很多。就U医院的例子而言，将患者长期等待的时间变得更舒服，如果算是应急处理的改善也是对的。但是，由于浪费了患者宝贵的时间，在这个意义上，就不能说是真正的改善。

真正的改善，是要消除患者候诊的痛苦，应对真正的需求。

现在几乎没有不去开展改善活动的企业和组织了，但是效果却存在很大的差距，这是在于企业和组织是否清楚地知道改善是为了谁、为了什么这件事情。

> ✎ **丰田因此成为世界第一**
>
> 　　没有目的的改善仅仅是单纯的改善游戏而已，没有真正应对需求的改善是无用的改善。丰田生产方式的"改善"是明确为了谁而做并且也清楚地知道是为了什么而做的改善。

因为目标不清晰导致改善失败的例子

因为前来就诊的患者众多导致候诊时间太长的U医院

真正的改善 = 缩短候诊时间

丰田的独到之处

是否明确改善的目的是改善成功与否的关键

33

不要想着找别人来做，首先自己思考并试着做

成为问题的解决者

丰田生产方式中的"改善"，最重要的事情是拥有"自己去实践"这样的态度。如果缺少这样的态度，即使发现了问题，也很难去解决问题。

原丰田员工V，一边指导着日本国内公司的生产改革，一边为海外工厂导入丰田生产方式，每个月都要有一次出差，召开"改善研讨会"进行授课。

虽然V的工作已经维持1年了，但是并没有出现想象中的成果。在海外工厂，V每一次都不得不从改善的第一步开始指导。

在日本能够很顺利地进行，为什么在海外就不行呢？为了探究真正的原因，V决定常驻海外进行观察。

于是，他终于明白了一件事情。虽然员工们学习丰田生产方式的

热情都很高涨，但是当V问那些研讨会上特别积极的员工时，他们都觉得"学习丰田生产方式是很有趣的，自己也提升了。但是，在生产现场能否真正地实践就是另外一回事了"。

也就是说，海外的员工们觉得丰田生产方式仅仅是他们学习的对象而已，而探究问题点然后进行实际改善就不是他们的工作了。这些都是负责人需要做的事情。

所以就算再怎么重复地进行研讨会，也不能够在现场进行实际的改善活动。

丰田生产方式经常反复说"要成为问题的当事人"。最重要的是自己发现问题，并有意识地去亲自思考改善方案。

当V了解了在海外工厂工作的很多员工虽然都在学习，但几乎都没有问题当事人的态度这种情况之后，V减少了在课堂上的研讨，V采取了以实际现场问题的观察、改善方案的思考以及实际操作为重点的实践操作培训。

进行这样的调整之后，不到半年，改善活动就在现场落实了。

不要有"找别人来做"的思想，要先尝试自己做

为了减少浪费，组织中的每个人都要成为问题的当事人。

丰田生产方式中有这样一句话："有了问题而不去思考解决方案，而是想'这是越权的行为'，这是责任的转嫁。"

　　在实践丰田生产方式的一家企业中，组装工序中产生了不合格产品，调查之后发现是总公司的设计有问题。这样的情况，如果在以前，大家很容易会想"不要说总公司的问题了，我们自己在组装的时候注意吧"。但是这家企业回归了"更快、更便宜地制造优质的产品"这个丰田生产方式的原点。从这个观点出发，企业给总公司传达了设计有问题的情况，最终获得了巨大的改善成功。

> ✎ **丰田因此成为世界第一**
>
> 　　如果发现不了问题那是能力不够，但是如果看到问题了却装作若无其事则是更加严重的态度不端正。因为觉得"是越权行为"而视而不见的话，仅仅是推卸责任而已。只有每个人将自己视作问题的当事人，改善才能够向前推进。

发现问题之后，做一个"自己解决问题的人"

在海外工厂召开"改善研讨会"的V先生

自己发现问题，然后实践改善办法

丰田的独到之处

发现问题绝对不能视而不见

34

不要仅仅盯着百分比，有时试着换算成个数、金额

比起比例要思考个数，比起百分比要思考金额

当前是一个每个人都在重视如何运用大数据的时代。但是不能忘记的是，数据面向的是一个个的人、一个个的产品。

年轻的W被大野耐一先生要求跟在他后面巡视工厂。但是，在巡视的过程中，大野先生只是在生产线旁边停下来一直看，什么都没有说。

巡视完之后，大野先生问W是否注意到有很多散落在地上的零部件。W并没有注意到这个情况，于是他再一次回到工厂转了一圈，将散在地上的零部件都捡了起来，然后回到了大野先生身边。大野先生问W："如果将部件换算成金额是多少呢？"

如果换算的话，将是一笔可观的金额。大野先生又说："如果在工厂掉落了相同金额的钱的话，员工们都会捡起来了吧。但是如果是

零部件就没有人捡了。而且，如果将一个个零部件思考成钱的话也绝对不会被浪费了，员工们也可能不会再制造出不合格产品了吧。"

W平日里常说"不合格率得到了降低""不合格率降到了××％"，但是却没有想过"如果是金钱的话是多少""实际的个数是多少"。

汽车的制造需要数以万计的零部件，每一个零部件对于公司来说都是成本。生产出不合格产品就浪费了这部分的资金。但是，像丰田这样采购大规模的部件，制造数量巨大的成品之后，个数和金额给人的存在感就非常低。

这件事让W牢记在心。从那以后，W不仅仅改善不合格产品的比率，更思考了个数和金额。W强烈地意识到了比率是抽象的，但如果换算成"不合格产品是多少个？""多少万日元被浪费了？"这样的说法的话，就会让人真实感受到问题和损失。

即使改善了比率，但绝对数没有改善

创立了宅急便的大和运输原总经理小仓昌男先生也是比起比例更加重视个数。

在某一年的报告中提到与前一年的数据相比，当天的未送达率有了大幅下降，小仓对此感到很疑惑。

比如说这个比例从10％降低到5％，从数字上看是取得了巨大的进步。但是如果接单数量前一年和今年都是5 000万个，10%是500万个，5%是250万个，确实是减少了。但如果今年的接单数量是1.5亿，那么5%就是750万个，反而增加了。

虽然未送达率确实得到了改善，但是困扰到的客户却增加了250万人。

这就不算是真正的改善，这就是小仓先生的疑惑。

✏ 丰田因此成为世界第一

并不能说数据是无用的。数据面向的是具体的产品以及制造它所需要的成本和时间，而且不能够忘记购买这一个个产品的客户。如果在分析数据时加入了这样的思考，那么工作本身就会有很大的变化。

将零部件换成金钱就会发现浪费

"这些零部件如果折算成金钱的话加起来有多少？"

你发现了吗，很多零部件散落在地上。

如果这些都是金钱的话，大家都会捡起来的吧？

将残次品的比率换算成个数和金额

宅急便当天未送达的货物比较

※数据是虚构的

	××年		××年
处理个数	5 000万个	➡	1亿5 000万个
未送达的货物率	10%	改善 ➡	5%
未送达的货物数	500万个	恶化 ➡	750万个

虽然从比率上看是改善了，但数量却增加了

丰田的独到之处

要看到数据背后的实际情况

35

不要混淆了目标和方法，做事要先明确目的之后再想采取的方法

过分关注方法而忘记目标是愚蠢的

为了达到某一目标需要选择不同的方法。但是如果过于专注在方法上，不知不觉间就会忘记目标，变成满足于方法的实施。我们身边往往存在过这样的情况。

丰田生产方式最开始引起人们注意的时候，一家企业拜托大野耐一先生说自己工厂也开始运用了"看板"系统，请到工厂参观一下。大野先生去了这家企业之后，发现这家企业的工厂确实立着不输于丰田的非常气派的"看板"。但是这家企业的工厂却存在很多不合格产品和半成品，仓库里库存的成品也已经堆积如山了。

"看板"的目标是保证在库品种接近于0。丰田生产方式是一边严格遵守"'看板'上没有的东西是不能取用的"规则，一边保证合适的在库数量。

但是，这个公司仅仅满足于使用"看板"管理，完全忘记了"看板"管理的目标是减少库存。

不要混淆目标和方法

丰田生产方式强调不要混淆目标和方法。混淆目标和方法的情况却经常发生。比如说以信息化为名，给全体员工都配备计算机或者智能手机，但目标却是不明确的，仅仅单纯地增加了不必要的经费，信息过多又导致了生产现场的混乱，这是一个很好的例子。

在一家食品制造商工作的原丰田员工X，吃惊地发现改革中并没有使用"看板"。使用"看板"管理对于生产的均衡化是很有必要的，但是食品是每天都要卖完的特殊的商品，因此和一般的企业不同。

X放弃了"看板"管理和均衡化这样的手段。以丰田生产方式中的另一个基础即从前工序过渡到后工序生产的"后工序引导"代替。如果有订单就直接传达给工厂，生产线仅仅生产订单的数量，无库存。用需要数量的原材料，在规定的时间内，便宜地生产需要的商品数量。

一天，大野耐一先生看到这些，听X说明了没有用"看板"管理而是用后工序引导的原因。X从上级那里得到了嘉奖证书。**"看板"管理仅仅是一种手段、方法，所以，保有最基本的思考方法而采取的现在的做法是最好的。最重要的事情是更快更便宜地生产更优质的**

产品。

丰田生产方式的代名词"看板"管理也仅仅是一种手段而已，并非适用于任何场合。如果拘泥于"看板"管理这种不合适的手段，就会造成与原来的目标越来越远的结局。

丰田因此成为世界第一

做事情的时候一定要确认好"目标是什么"，并且在着手做的时候也要经常检讨"方法和目标是否一致"。方法是为了实现目标的手段，绝对不是目标本身。同时，实现一个目标也会有很多方法。

不要忽略目标，应该灵活运用方法

前往某企业视察"看板"管理的大野先生

"看板"管理做得不错吧？

哎呀，库存堆积如山……

忘记了真正的目标，只关注方法的错误案例

给所有人发放智能手机，共享信息。

应该共享什么信息呢？

系统不好用啊……

如果目标不明确的话，就难以发挥真正的效果

丰田的独到之处

时刻检查"方法和目标是否一致"。

36

不要觉得仅仅依靠努力就能做成任何事情，想出即使不拼命努力也可以做成事情的制度

时间是动作的结果

制造优质的产品需要什么？

是严格的质检吗？如果这样做，将能够保证顾客买到好的产品。然而，这并不能制造优质的安全的产品。为了制造优质的安全的产品需要的是调整工作的结构。

在丰田生产方式中，如果出现问题，生产线就会立刻停止。这是为了改善问题，之后不再发生同样的事情。

虽然停止生产线会造成一时的损失，但是改善问题所花费的时间，是为了能够让优质的产品更快更便宜地生产出来。这是丰田生产方式当中所说的"产品质量是在工序中创造的"。

制造优质的产品，仅仅靠激发现场操作工人的热情是没用的。

丰田生产方式很重视这样一个概念——"时间是动作的结果"。

如果想让跑步的选手跑得更快，仅仅给他精神上的鼓励是出不来好成绩的。应该指导选手掌握正确的姿势或在精神层面的调节方法等，这才是最有效的，选手才能自然而然地跑得快了。

制造方面来说，要提高工程的质量，把生产工艺调整到最好的状态。如果改善管理系统的话，想要的成果自然而然地就能出来，这是丰田生产方式的思考方法。

不要管理人，要管理系统

工作中的实际操作也是这样的。操作迟缓的工人，即使别人掐着秒表说快一点，快一点，工人也无法提速。迟缓的原因一定是因为动作有问题。我们要思考哪里出现问题了，如果想更轻松地操作应该怎么办，带着这些问题调查原因，更新操作流程等。我们要改善那些动作和结构，如果能够将动作改善得更容易操作，那么动作自然也就加快了。

时间是动作的结果，改善了动作，时间就自然而然地缩短了。

在丰田担任新的管理职位的员工对上司说："从今开始要尽心尽力地工作。"然而上司却说："你的工作并不是去拼命，而是思考如何创造让大家不努力也能够做成事情的制度。"

"加油"有时是强化劳动的事情。如果在没有成果出来的时候，只是说"加油"是管理层的失职。我们所诉求的是系统的管理和结构的调整，实现"不那么拼命也能够很好地完成工作"的目标。

✏️ 丰田因此成为世界第一

产品质量的高低是由每道工序做得好不好来决定。时间的快慢与动作是否高效有关系。工作的成果由制度的好坏决定。取得的效果不是"加油"或者精神层面的东西，最重要的是如何更好地运用和管理系统这件事情。

要想生产出好的产品，就必须具备完善的制度

只给赛跑选手在精神上鼓励无法提高速度

> 快跑啊!

➡ 没有效果

> 首先姿势要……

> 每天想象自己第一个冲过终点线……

➡ 取得效果

生产产品也一样，关键在于对流程进行管理和改善

丰田信任的管理人员

> 今后我会拼命工作的。

> 你的任务是创建一个让大家不用辛苦拼命也能够顺利完成工作的制度。

丰田的独到之处

工作的成果是由过程的好坏所决定的

37

不要让资料变成废纸，要先思考为了什么，然后再做资料

请结束没有用的辛勤工作

关于自己的工作，应该问自己为了什么而工作，在工作中自己发挥了什么作用？如果不询问自己的话，辛苦的工作就没有意义了。在丰田生产方式中称这样的工作是"浪费"。

丰田员工Y所在的部门工作是生产计划科。通过一系列数据，按照机器各自的生产能力计算、制作生产计划。比如说：照这个速度工作的话机器的生产效率是不够的，如果补充的话必须要加多少班，如果外包的话状况会有什么变化等。虽然现在都可以用计算机，但以前都是细致的手工计算。

Y的部门员工们都一直对自己的工作感到很自豪。如果计算错误就会为生产计划带来巨大混乱，出现无法按计划生产的困难局面。

推翻Y他们自以为是的心态的，是当时在总厂担任厂长的大野耐

一先生。大野先生没有看Y提出的数据报告，也没有对他们说"辛苦了"，而是说："如果有计算这样的数据的时间还不如到现场看看。"同时对他们提出了疑问："为什么拿过去的业绩来判断未来的生产计划？"

注意"我们的操作是为了减少操作的浪费"

Y他们很吃惊，还担心着如果不重视他们的数据，不管怎样都会让工厂陷入混乱之中。

但现实恰恰相反。在大野先生的改善下，产量上升，机器的生产效率比过去的标准提高了。Y部门的工作简直就没有意义了。正如大野先生所说的一样，如果有时间去细致地计算，不如去现场帮助开展改善活动。

"写的资料不能成为废纸。"这是大野先生的话。

虽然Y的部门在如实地计算，提出了严谨的书面材料。但是他们计算的依据只是过去的数字。

改善不是从过去延长到未来的一条线，而是要开创跳跃式发展的未来。如果未来变化了，那么依照过去的数据总结在纸上的内容就是空谈，就成了没有任何作用的废纸。

最后，Y所在的部门被并入了推进改善的团队。

同样的事情偶尔也会发生。为了减少浪费，负责推进品质管理活动的部门花费太多的时间制作无用的资料。大野先生斥责他们："你们的工作是为了减少浪费，可你们偏偏制作无用的资料，你们到底在做什么？"

✎ 丰田因此成为世界第一

　　工作只有具体到为了谁，具体到为什么而做才是有意义的。如果一点作用都没有，工作就是没有意义的。这和制作的资料变成了废纸是同样的道理。我们不能缺少的一种态度，就是时常问问自己：工作是为了谁而做，为了什么而做。

消除无用功的活动反而成为无用功

制订生产计划后拿给大野先生看的Y等人

正如大野先生所言，以前的设备数据已经毫无意义

丰田的独到之处

经常思考资料存在的意义

38

不要把报告写五六页，
要把报告总结在一页A3纸上

制作用一页纸概括重点的资料

资料的制作体现了创作者能力的差别。能力强的人不是将语言或者数据简单地堆砌形成厚厚的材料，而是用极少的篇幅就能抓住重点的人。

听说有一次苹果公司的创始人乔布斯将IBM提供的超过100页纸的合同扔到了垃圾箱里，并直言不讳地说："如果想谈就必须将内容总结到几页纸上。"确实，如果厚重的资料摆在眼前的话，我们都只想说："请把这些资料概括地总结一下吧"。

1982年，丰田汽车工业公司和丰田汽车销售公司合并，诞生了现在的丰田汽车集团。两个公司虽然同属于丰田，但是企业文化有着微妙的区别。正是因为丰田汽车工业公司是一家制造企业，所以更加在意克服浪费。另一方面，丰田汽车销售公司因为是经营公司，所以在经费使用方面比较粗放。

在这样的销售企业成长起来的丰田员工有一次去总务部领取报告用纸。被问到需要多少时，这位员工举了两根手指，意思是要两本。结果总务给了这位员工两页纸，员工心里吃了一惊，想着总务怎么这么小气。然而，我们应该理解，按页数而非按册数是丰田生产方式的基本点。为了能够写出提炼真正重要的内容、无论是谁都能看懂的报告，如果只用一页报告用纸就可以的话，那才是真本事。

精简的资料可以发挥自身和对方的智慧

丰田生产方式中有个不成文的规定，那就是报告要简练地总结在一张A3纸上。有不少看起来厚重的资料，信息虽然非常完备，但没有意义的数据和不必要的文章也特别醒目。辛辛苦苦地读了资料也抓不住重点，很容易造成时间的浪费和纸张的浪费。

与此相对的，总结精炼的资料写出的都是重点，即使在非常忙的情况下快速阅读，也能够立刻做出决定。减少了时间的浪费和做出决定的延误。

而且精练的资料还能够锻炼创作者自身的思考能力和表达能力。将要点清晰易懂地总结，要依靠自己去调查、自己去思考，然后用自己的语言表达出来。

比如对于一个问题来说，要将对现状的表述，对问题原因的调查，问题的改善方案、实施计划以及方案的效果论证等清晰易懂地总结在一张纸上，还要有逻辑性，是非常难的。而且对于现状的表述和原因的调查还要求是在现场的调查。

　　将这些内容整理、总结、制成资料，本身也是对自己工作的一种改善活动。

✏ 丰田因此成为世界第一

　　如果仅仅是信息的获取，我们可以网上查找，如果写文章我们可以复制粘贴。但是如果想要传达真正有用的信息的话，就要用自己的力量、自己的头脑和语言。强制用一张A3纸制作总结报告也是为了培养能力。

资料展现的是制作者的能力

丰田汽车销售公司的员工申请报告用纸的时候……

丰田不成文的规定=资料总结在一张A3纸上

制作丰田生产方式报告的关键点

① 准确表述现状

② 明确问题的真正原因

③ 提出改善办法

④ 制订改善办法的实施计划

⑤ 拥有对计划实施效果验证的方法

丰田的独到之处

要想制作出让人耳目一新的资料，首先要锻炼自身的思考力和表达力

39

不要想着"脏了以后再清理就好了"，要创造一个即使想弄脏都弄不脏的现场

一个想弄脏都弄不脏的现场环境

丰田生产方式中有如果发生问题就立即停止生产线的要求。停止之后回溯调查，找到问题产生的真实原因。之后为了不再第二次产生同样的问题进行改善活动，日日积累，日日改善，最终达到创造想停止也停止不了的生产线的理想状态。

5S也是这样。

在5S中，特别是"整理"和"整顿"是所有生产现场中都应该彻底遵守的规则。一般的情况是整理和整顿之后会保持很长时间的干净，但很容易过段时间又回到原来的状态，然后再一次进行整理和整顿。想想我们的职场是不是也是这样？

我们不能让5S变成一年中时常进行的"运动"。丰田生产方式所说的5S也要调查真正的原因，不让问题第二次发生。

消除问题产生真正原因是为了彻底消除潜在问题

一家子公司申请制造总公司的电子产品，结果总公司判断其"脏乱的工厂无法满足电子产品生产的需要"而驳回申请。于是，子公司的总经理一方面按照丰田生产方式的要求推进生产改革，另一方面也强力推进工厂的5S改革。

首先，扔掉不需要的东西进行整理，然后进行整顿，让每个人都清楚地知道什么东西在什么地方。

其次，为了维持整理和整顿的状态又进行了清扫。将工厂的机床和墙壁按照A2大小的尺寸进行划分，从厂长到员工全部出动，进行彻底的清扫，甚至将机床擦得锃亮。并且每天下午3点抽出工作时间中的15分钟，停止生产线，实施"清洁工程"。

这样彻底的清洁使工厂环境完全符合标准。不仅得到了总公司电子产品的生产许可，还得到了其他公司电子产品的生产合同。

但这家子公司总经理不限于此，他还追求着5S级别的干净，创立只要发现脏乱就立即清洁的制度，同时消除真正的潜在问题。调查脏乱原因，以"创造想弄脏都弄不脏的现场环境"为目标。为此，改善了涂装工艺使用的机器，同时也想到了停止使用交付产品时的污染源头——过度包装。

如果从机器中飞散涂料，即使再怎么清洁也是会再次弄脏。所以如果将机器改善，防止涂料胡乱飞溅，就能够不变脏。买部件的时候如果包装过度的话，纸、绳子和包装袋就有可能被随意丢弃，而这些废弃物也是需要花钱买的。所以停止过度的包装，启用可以反复使用的箱子和包装盒，废弃包装物就会减少，甚至接近于零。

✏ 丰田因此成为世界第一

丰田的目标是改善一个个问题和浪费，建立一个想停止也停止不了的生产线，一个想脏乱也脏乱不起来的环境。消除问题产生真正原因的改善活动能够让工作的质量和职场环境都有质的飞跃和提高。

如何避免出现"刚收拾好又乱糟糟"的情况

丰田生产方式	=	创建"想停止也停不下来的生产线"

5 S	=	SEIRI 整理　SEITON 整顿　SEISOU 清扫　SEIKETSU 清洁　SHITSUKE 素养

被总公司取消了电子产品订单的工厂

大扫除时间!

下午3点

坚决执行5S

① 对设备进行改善，防止涂料飞溅。

② 避免过度包装，用能够重复使用的外包装代替。

生产现场变得十分干净整洁

丰田的独到之处

解决问题真正的原因，职场环境就会出现飞跃性的变化

40

不要仅仅满足于学习，要努力将学到的东西运用起来，不能懈怠

与"是否知道"相比，更重要的是"是否实践"

很多职场人士一年中参加过几次研讨会，或者有机会参加学习班或主题演讲。我们是以什么态度参加这些会议的呢？日本赞美达人协会代表西村贵好先生提出这样的看法：**要保持一个"听演讲不是'听懂'或者'知道'，而是'能否做'或者'是否做'"的态度。**

如果拥有某种程度的知识和见闻，我们容易对别人说的话不自觉地觉得"知道这件事"或者"以前听说过"。但如果我们从做没做过、能不能做的角度去听，就会为了给我们实践找到想法而仔细地听，也能够培养我们思考"如果是我的话该怎么做"的实践思考能力。如果我们这么做了，那么从听的内容里得到的就是完全不一样的信息。

不认可没有结合实际工作的报告

为了改善某亏损企业的经营而出任总经理的Z，对走下坡路的企业，并没有使用常用的"削减经费"的表述，而使用了比较容易让人接受的"经费改善"。经费包括没用的经费和必须要削减的经费。主导丰田生产方式改革的Z并不是单纯地削减经费，而是在思考如何将经费的使用效率进行改善。

从这观点出发，Z在拟削减经费的项目中将研讨经费划掉，支持员工一定要参加"必要的研讨会或演讲、讨论会"。Z觉得比起珍惜小部分的资金，更应该确保员工成长性的预算。但是，参加的唯一的附加条件是"不认可没有结合实际工作的报告"。

参加研讨会的员工在第二天要向上司做报告。Z不允许员工有"受益匪浅了"，"可以运用到工作中"等这些抽象的内容。要求报告内容必须是"印象最深刻的是什么，什么知识能够运用到自己的工作中"的思考，并且要求在两到三个月之后，必须有书面报告，汇报之前报告中提到的内容实践的效果。

参加研讨会最直接的感受是学到了知识，但是很少能够应用到实践的工作中。Z觉得最重要的是能够与自己的职场和工作相联系，在实践中应用一到两个知识。

知识和实践之间有很大差距。最重要的是将学到的知识应用到实践当中。

两年后，Z的公司因为生产改革，成功地扭亏为盈，取得了非常瞩目的成果，也有很多公司前来参观学习。但是Z的办公桌上再也没有"受益匪浅"的报告了。

✎ 丰田因此成为世界第一

学习成功事例的人很多，但是现实当中很难将学与做很好地结合在了一起。我们应该思考将所学到的全部都结合到自己的实际工作中，并且将一到两个知识应用到实践中。好不容易得到的知识不能够让它仅停留在学习的那一刻。

将在学习会和研讨会上获得的经验进行实践

在亏损企业进行"经费改善"的Z先生

"知道"和"实践"之间存在着巨大的差别

丰田的独到之处

不管学到了多少东西，关键都在于实践

后记与参考文献

　　本书中引用的大野耐一先生的话和故事，都出自于笔者在丰田的笔记，以及在卡尔曼股份有限公司任职的前丰田员工在丰田工作的见闻。为了使内容更加准确，笔者还参考了大野先生的著作《丰田生产方式》（钻石社）《大野耐一的现场经营》（日本能率协会管理中心），以及《工厂管理》杂志1990年8月号（日刊工业新闻社）等。

　　本书除了通过报纸和杂志的经济文章获取灵感与信息之外，还在下列书籍中得到了宝贵的经验，特此表示感谢。

《决断——我的履历书》（丰田英二 著 日经经济人文库）

《自己的城堡自己来守护》（石田退三 著 讲谈社）

《丰田系统的原点》（下川浩一 藤本隆宏 编著 文真堂）

《开创丰田生产方式的人——大野耐一的战斗》（野口恒 著

TBS– BRITANNICA ）

《丰田经营系统的研究》（日野三十四 著 钻石社 ）

《丰田的方式》（片山修 著 小学馆文库 ）

《谁都不知道的丰田》（片山修 著 幻冬舍 ）

《丰田如何制造出"最强的汽车"》（片山修 著 小学馆文库 ）

《The House of TOYOTA》（佐藤正明 著 文艺春秋 ）

《丰田英二语录》（丰田英二研究会 编 小学馆文库 ）

《奥田主义改变丰田》（日本经济新闻社 编 日经商业人文库 ）

《人间发现——我的经营哲学》（日本经济新闻社 编 日经商业人文库 ）

《我的履历书——经济人15》（日本经济新闻社 编 日本经济新闻社出版局 ）

《丰田式工作的教科书》（President编辑部 编 President社 ）

《时刻走在时代的前列——丰田经营语录》（PHP研究所 编 PHP研究所 ）

《丰田的世界》（中日新闻社经济部 编 中日新闻社 ）

《丰田之路》（Jeffrey K. Liker 著 稻垣公夫 译 日经BP社 ）

《丰田新现场主义经营》（朝日新闻社 著 朝日新闻出版 ）

本书在策划与编辑过程中，得到PHP研究所的越智秀树先生，以及RS出版的吉田宏先生、桑原晃弥先生的大力支持与协助，在此向诸位表示衷心的感谢。另外，本书在执笔过程中，还收到了丰田以及丰田集团的诸位朋友，从卡尔曼股份有限公司成立初期便一直支持着我的诸位经营者，以及生产现场第一线员工们的许多宝贵意见和建议，在此也向以上诸位深表谢意。

图书在版编目（CIP）数据

丰田超级精进术 /（日）若松义人著 ; 赵佳译 . -- 北京 : 北京时代华文书局，2019.5
ISBN 978-7-5699-0798-8

Ⅰ . ①丰… Ⅱ . ①若… ②赵… Ⅲ . ①丰田汽车公司－工业企业管理－经验
Ⅳ . ① F431.364

中国版本图书馆 CIP 数据核字（2019）第 032541 号

TOYOTA NO SUGOI SHUKAN & SHIGOTOJUTSU
Copyright © 2013 by Yoshihito WAKAMATSU
First published in Japan in 2013 by PHP Institute, Inc.
Simplified Chinese translation rights arranged with PHP Institute, Inc. through
Bardon-Chinese Media Agency
北京市版权著作权合同登记号　字：01-2017-6778

丰田超级精进术
Fengtian Chaoji Jingjin Shu

著　　者 |（日）若松义人
译　　者 | 赵　佳

出 版 人 | 王训海
责任编辑 | 周　磊
装帧设计 | 程　慧　赵芝英
责任印制 | 刘　银

出版发行 | 北京时代华文书局 http://www.bjsdsj.com.cn
　　　　　北京市东城区安定门外大街 138 号皇城国际大厦 A 座 8 楼
　　　　　邮编：100011　电话：010-64267955　64267677
印　　刷 | 北京凯德印刷有限责任公司　010-87743828
　　　　　（如发现印装质量问题，请与印刷厂联系调换）
开　　本 | 880mm×1230mm　1/32　印　张 | 6　字　数 | 121 千字
版　　次 | 2019 年 6 月第 1 版　印　次 | 2019 年 6 月第 1 次印刷
书　　号 | ISBN 978-7-5699-0798-8
定　　价 | 42.00 元